KIM FLECKENSTEIN
Deine Zeit ist Jetzt

Unter Mitarbeit von Anna Butterbrod

365 IMPULSE FÜR EIN ERFÜLLTES LEBEN

Der Coaching-Jahresbegleiter

Dieses Buch ist für dich

DEINE ZEIT IST JETZT – das ist schon seit Jahren der Satz, der auf der Vorderseite meiner Visitenkarten steht. Es ist ein Satz, der für mich symbolisiert, worum es in unser aller Leben geht: Dass es immer nur ein Jetzt gibt. Nur eine Zeit, die wir zu nutzen haben. Und die ist Jetzt. Für dich, für mich, für uns alle. Daher war es für mich naheliegend, das Buch, das du in deinen Händen hältst, auch so zu nennen. Um dich daran zu erinnern, dass es um dich geht und um die Zeit, die du hast.

ES GEHT NICHT UM DIE ZEIT, DIE DU IN DER VERGANGENHEIT HATTEST, und auch nicht um die zukünftige – vor allem weil Vergangenheit, Gegenwart und Zukunft ohnehin immer eins sind. Denn dein Morgen wird sehr schnell dein Gestern sein. Deine Zeit im Hier und Jetzt ist sehr wichtig, auch wenn viele Menschen diesen Satz nicht gerne hören.

ICH HÖRE MENSCHEN DES ÖFTEREN SAGEN: „Aber ich muss doch meine Vergangenheit überdenken, damit ich zukünftig nicht dieselben Fehler wieder mache." Oder: „Ich muss meine Zukunft planen, dafür muss ich doch an das Morgen denken." Das ist alles richtig. Dennoch ist es ein Unterschied, ob du bewusst im Hier und Jetzt bist und über dein bisheriges Leben nachdenkst, dein Morgen planst, deinen nächsten Urlaub oder den fälligen Termin beim Zahnarzt buchst.

„DEINE ZEIT IST JETZT" BEDEUTET NICHT, dass du dich nicht mehr darum kümmerst, was du gestern gesagt oder getan hast oder morgen erledigen wirst. „Deine Zeit ist Jetzt" bedeutet die bewusste Wahrnehmung deiner Person. Dass es in diesem Leben um dich geht und du dir genau überlegen solltest, wie du deine Lebenszeit hier auf dieser schönen Erde verbringen möchtest.

365 Denkanstöße

DAS LEBEN WIRD OFTMALS RÜCKWÄRTS VERSTANDEN und dann vorwärts gelebt. Um dir dabei zu helfen, mehr Verständnis für dich und deine Mitmenschen zu erlangen (denn wer von uns hat ein 100-prozentiges Verständnis für alles und jeden?), biete ich dir mit diesem Buch 365 verschiedene Möglichkeiten an, das zu tun. Um dir dein Leben aus einem anderen Blickwinkel, aus einer neueren Perspektive anzuschauen. Um dich besser zu verstehen, deine Nachbarin, deinen Nachbarn besser zu verstehen – und die Welt im Allgemeinen.

WIRD DAS IMMER MIT JEDEM TEXT, mit jeder Frage, mit jeder Übung, die ich dir anbiete, gelingen? Vielleicht. Vielleicht auch nicht. Aber darum geht es auch gar nicht, denn ich bin kein Mensch, der andere zu überzeugen versucht. Ich mache Angebote, die jeder für sich so nutzen kann, wie sie oder er es möchte. Denn jeder hat sein eigenes Tempo, seine Zeit und seine Erkenntnisse.

DIE SEITEN IN DIESEM BUCH HABEN EXTRA KEIN FESTES DATUM. Denn es geht nicht darum, am 1. Januar zu starten und dann Tag für Tag eine Seite zu lesen und das Gelesene anzuwenden. Du bestimmst selbst, wie du es für dich nutzen möchtest.

Das Einzige, worum ich dich bitte, ist deine Offenheit für das, was dich in diesem und mit diesem Buch erwartet. Es kann sein, dass du zum Beispiel die **„JA-MEDITATION"** machst (siehe Tag 169) und an diesem Tag keinen besonderen Effekt damit erzielst. Aber einen Monat später schlägst du genau diese Seite wieder auf, wiederholst die Übung und die Wirkung ist überragend. Woran das liegen kann? Weil genau an diesem Tag deine Zeit für diese „Ja-Meditation" ist.

Die Idee zu diesem Buch

WIE KAM ES ÜBERHAUPT ZU DIESEM BUCH, das so ganz anders als meine bisherigen vier Bücher ist? Über meine Webseite *www.kimfleckenstein.com* verschicke ich schon seit ein paar Jahren in regelmäßigen Abständen einen Newsletter. Ich habe meine Leserinnen und Leser unter anderem mal einen ganzen Januar lang mit täglichen E-Mails begleitet – und das kam sehr gut an. Drei Jahre später habe ich mir im November ziemlich spontan überlegt, dass ich meine Leserinnen und Leser doch auch mal ein ganzes Jahr lang begleiten könnte. Ich habe mir über den Umfang oder die Gestaltung gar keine weiteren Gedanken gemacht, sondern einfach einen Anmeldelink zum „365-Tage-Kalender SoulFood" erstellt und rausgeschickt.

ALS IM DEZEMBER DIE ERSTEN ANMELDUNGEN EINGINGEN und ich erkannte, dass tatsächlich einiges Interesse da war, überlegte ich mir für jeden Monat ein spezielles Thema und erstellte eine Struktur, wie alles ungefähr aussehen könnte. Das Jahr ging los, ich verschickte die ersten Mails und immer mehr begeisterte Menschen kamen dazu. Die SoulFood-Community (zu deutsch: Futter-für-die-Seele-Gemeinschaft) war geboren.

Irgendwann kam ich dann auf die Idee, ein Buch daraus zu machen, um die Leserinnen und Leser auch in dieser Form 365 Tage lang begleiten zu können. Natürlich habe ich in diesem Buch nicht so viel Platz, wie ich ihn bei SoulFood habe. Aber ich habe die wichtigsten Texte auf den Punkt gebracht, sie aussagekräftig formuliert, sodass dich dieses Buch genauso wunderbar durch (d)ein Jahr begleiten kann. Und im nächsten und übernächsten Jahr ebenso.

DENN WIE GESAGT: MANCHES ERSCHLIESST SICH UNS ERST SPÄTER, UND DAHER MÜSSEN WIR MANCHES MEHRMALS LESEN ODER TUN.

Die Handhabung

Dieses Buch ist in verschiedene Kategorien unterteilt:

120 TEXTE SOLLEN DICH ZUM NACHDENKEN ANREGEN. Ganz wichtig: Stößt du bei einem oder mehreren Texten mal auf einen inneren Widerstand, darfst du gerne genauer hinschauen und dich intensiv mit dem Thema beschäftigen, denn dort liegt dann wertvolles Wissen für dich bereit.

ICH HABE 36 SCHÖNE ZITATE FÜR DICH HERAUSGESUCHT, die dich in deinem Jahr hilfreich begleiten können. Das Schöne an Zitaten ist, dass sie uns beflügeln können. Ein Zitat kann uns ganz viel schenken, uns lange Zeit begleiten und auch eine Richtung für uns werden, in die wir uns entwickeln wollen.

DIE 41 INSPIRIERENDEN BILDER, die du über das Buch verteilt findest, passen entweder zu einem Text, einer Übung, einer Frage oder stehen für sich ganz allein.

ICH GEBE DIR IN DIESEM BUCH 24 FRAGEN MIT, um über dich und das Leben nachzudenken. Stelle dir diese Fragen selbst und horche in dich hinein, welche Antworten kommen. Vielleicht sind es mehrere, vielleicht kommt auch einmal zunächst gar keine Antwort. Dann nutze diese Frage auch in den nächsten Tagen für dich oder stelle sie einer anderen Person, die dich gut kennt. Was könnte ihrer Meinung nach die Antwort für dich sein? Das Leben stellt tolle Fragen, nutze sie für dich!

24 MEDITATIONEN ERWARTEN DICH, mit denen du deine Zeit auch auf eine andere Art nutzen kannst: um dich intensiver wahrzunehmen als sonst. Nur der Form halber möchte ich darauf hinweisen, dass eine Meditation kein Coaching, keine Therapie oder verschreibungspflichtige Medikamente ersetzt. Außerdem ist es wichtig, dass du währenddessen nichts anderes tust und dir einen ruhigen Platz suchst, an dem du für die Dauer der Meditation nicht gestört wirst.

LEGE FÜR DICH ZU BEGINN FEST, wie lange du meditieren möchtest, und stelle dir dafür am besten eine Uhr. Solltest du noch keinerlei Meditationserfahrungen haben, so starte zunächst mit einer Meditationszeit von 3 bis 5 Minuten. Achte auf eine **bequeme und gerade Sitzhaltung,** denn eine gute Haltung in der Meditation ist schon die „halbe Miete".

ICH BIETE DIR WÄHREND DIESER 365 TAGE INSGESAMT 48 REFLEXIONSANSTÖSSE. Das sind kurze Texte mit einer Frage beziehungsweise Aufforderung zur Umsetzung. Sie fallen intensiver aus als die 24 Fragen und es empfiehlt sich, dass du sie auch mal **schriftlich beantwortest,** um noch besser **reflektieren** zu können.

36 ÜBUNGEN GEBE ICH DIR MIT, die dich dazu anregen sollen, ins Handeln zu kommen. Denn es ist das eine, etwas zu lesen und sich dadurch Wissen anzueignen, und etwas anderes, es auch umzusetzen. Es geht im Leben nicht darum, Wissen anzuhäufen, sondern dieses anzuwenden. Und was könnte dabei **besser helfen** als eine **passende Übung?**

UND DANN GIBT ES NOCH AUF 36 SEITEN PLATZ FÜR DEINE PERSÖNLICHEN GEDANKEN. Du kannst dort das eintragen, was dir zu den Texten in den Sinn gekommen ist und was du gerne auch schriftlich festhalten möchtest. Vielleicht regen dich die Fragen dazu an, weitere für dich wichtige Fragen zu notieren, auf die du gerne eine Antwort haben möchtest. Lasse deinen **Gedanken freien Lauf.**

AUSSERDEM KANNST DU EIN BILD ODER EINEN TEXT, der dich besonders anspricht, auch abfotografieren und dir auf deinem Smartphone immer wieder anschauen, denn wahrscheinlich wirst du nicht immer und überall das Buch dabeihaben. Oder du findest, dass eine meiner Anregungen oder Meditationen eine schöne Idee für eine andere liebe Person wäre, und leitest ihr diese als WhatsApp-Nachricht weiter.

NUTZE DIESES BUCH SO, wie du es möchtest und wie es für dich gut ist. Blättere ganz spontan darin herum und bleibe einfach bei einer Seite hängen, um das, was dort steht, zu verinnerlichen. Oder gehe die Seiten ganz gezielt nach einem Thema durch, das dich derzeit beschäftigt. Vielleicht findest du eine Anregung, eine zündende Idee oder eine Lösung für dich.

Deine Zeit ist Jetzt!

ES IST NUN SOWEIT. DU KANNST LOSLEGEN MIT DEINER ZEIT. Mit deinen nächsten 365 Tagen – und allen weiteren darüber hinaus. Dieses Buch hat kein Verfallsdatum, die Zitate haben schon lange ihre Gültigkeit und werden sie auch behalten. Die Texte werden dich je nach Lebenssituation mal mehr, mal weniger begleiten. Die Fragen wirst du je nach Lebensabschnitt anders beantworten. Und die Meditationen werden sich immer besser anfühlen, je öfter du sie machst. Ich freue mich, dich mit diesem Buch das ganze Jahr lang begleiten zu dürfen.

ICH BEDANKE MICH DAFÜR, dass du zu meinem Buch gegriffen hast. Solltest du mir schreiben wollen, erreichst du mich unter *info@kimfleckenstein.com*. Es kann sein, dass es etwas dauert, bis ich antworte, aber ich schreibe dir auf jeden Fall zurück. Alle weiteren Infos zu mir und meiner Tätigkeit findest du am Ende des Buches.

ICH WÜNSCHE DIR NUN VIEL FREUDE MIT DIESEM BUCH.

Herzlichst
Kim Fleckenstein

Jetzt geht's los!

UNSERE KOMFORTZONE stellt das Verlies unserer Gewohnheiten dar, mit denen wir uns selbst in Ketten legen. Diese vermeintliche Sicherheit führt dazu, dass wir mit Stress, Angst und Ungewissheit auf Veränderungen im Leben reagieren.

Wir sollten bedenken, dass der Veränderungsmoment in der Gegenwart liegt und ein Leben in der eigenen Komfortzone damit wenig zu tun hat. Die Komfortzone ist ein Bollwerk gegen die Gegenwart, weil wir dort entweder die Vergangenheit verdrängen oder festhalten wollen oder uns vor der Zukunft fürchten. Aber mit der Gegenwart hat die Komfortzone sehr wenig zu tun.

Entspannung und Gelassenheit können wir immer nur im Moment erfahren und leben. Damit unser Leben entspannter und gelassener werden kann, müssen wir also unsere Komfortzone verlassen.

Die einzige KONSTANTE IM LEBEN ist die Veränderung.

Heraklit

TAG 2

UNSER GEHIRN verfügt über natürliche Mechanismen der Selbstheilung – egal wie gestresst wir uns manchmal fühlen oder wie ausweglos die Lebenskrise scheint, in der wir stecken.

WIR MENSCHEN haben die angeborene Fähigkeit, wieder zu Harmonie und Wohlbefinden zurückfinden zu können – in jedem Alter, zu jedem Zeitpunkt, an jedem Ort.

BESONDERS WIRKSAM sind dabei Methoden, die den Körper involvieren, so wie Meditation. Damit lässt sich das emotionale Gehirn direkt beeinflussen. Das ist wichtig: Denn unser Wohlergehen hängt immer von unserer emotionalen Reaktion auf Ereignisse ab.

TAG 3

Was ist der Sinn meines Lebens?

Diese Frage hast du dir sicher schon gestellt. Die heutige Übung kann dir dabei helfen, eine Antwort darauf zu finden. Frage doch mal andere Menschen nach ihrem Lebenssinn. Dadurch lernst du nicht nur sie besser kennen, sondern auch dich selbst.

FRAGE ...

einen Fremden, ein Kind, einen älteren Menschen, einen Pastor oder eine Nonne, einen Politiker, einen Promi, einen Menschen, den du gerne kennenlernen möchtest, einen Menschen, den du nicht besonders magst, jemanden, der krank ist, einen Feuerwehrmann oder Arzt ...

MACHE ES DIR ZUM ZIEL, DIESE ÜBUNG INNERHALB DER KOMMENDEN VIER WOCHEN ZU ERLEDIGEN.

Wie kann die Tatsache, dass deine ZEIT hier auf Erden begrenzt ist, ab jetzt dein Leben POSITIV verändern?

DAS LEBEN IST KUNTERBUNT, es ist eine Palette voller Farben, die du nach deinem Gusto verwenden und mischen kannst. Du erhältst bei deiner Geburt eine riesengroße Leinwand, die im Laufe des Lebens immer voller wird.

Vielleicht ist auf deiner Leinwand nicht mehr viel Platz, aber du gestaltest den Rest dieser Fläche bis zum Schluss. Achte darauf, sie bunt zu gestalten. Das Leben besteht zum Glück nicht nur aus Schwarz und Weiß – auch wenn es manchmal den Anschein hat.

Du kannst Stellen, die du anders gestalten möchtest, natürlich auch wieder mit Weiß überpinseln. Aber vielleicht lässt du sie auch so wie sie sind, weil du sie als wichtige Puzzleteile für dein Lebensgesamtbild verstehst und anerkennst.

Warum bist du so viele?

Hast du das Gefühl, deinen vielen Alltagsaufgaben ausgeliefert zu sein? Du hast das Handy am linken Ohr, die Finger flitzen währenddessen über die Computertastatur, und gleichzeitig gibst du einer anderen Person mit den Augen zu verstehen, dass du gleich für sie da bist? Das hat weniger mit Freude zu tun als mit einer Vervielfachung deiner selbst.

Sobald du dagegen einer Aufgabe deine volle Aufmerksamkeit widmest, hört jeder Widerstand auf. Diese achtsame Haltung kann dich in einen Flow bringen und dir innere Ruhe schenken. Das funktioniert schon, wenn du einfach mal mit Sorgfalt eine Türklinke herunterdrückst oder eine Kaffeetasse spülst.

MACHE DIR BEWUSST, dass deine Mitmenschen dein Leben mitgestalten, auch wenn du das manchmal gar nicht möchtest. Anders herum gilt das natürlich genauso. Niemand ist eine Insel, die ganz allein im Meer dümpelt.

Es ist wichtig, sich dessen bewusst zu werden. Denn das hilft dabei, die eigene Erwartungshaltung immer wieder aufs Neue zu überprüfen. Denke daran, dass jeder einzelne eine Erwartungshaltung an den Tag, an das Leben, an seine Umwelt und Mitmenschen hat. Wird diese enttäuscht, kann es auch mal zu Reaktionen kommen, die auf den ersten Blick unverständlich sind.

NUTZE DIESEN PLATZ FÜR DICH, um deine Gedanken aufzuschreiben. Um deine Gefühle auszudrücken, die sich heute, in dieser Woche oder in diesem Monat bemerkbar gemacht haben. Oder um sie anhand einer Zeichnung auszudrücken.

....
....
....
....
....
....
....
....
....

TAG
9

ALLES VERLIERT SEINEN ZAUBER, seine Schönheit, seine Wärme, wenn du darauf bestehst, dass es so sein oder wieder so werden muss, wie es einmal war.

Schließe ab! Lass los! Bestimmte Beziehungen oder Situationen müssen beendet werden, weil sie vorbei sind. Endgültig.

Habe den Mut, endlich eine Tür abzuschließen, auf deren Rückseite sowieso niemand mehr ist, der dich willkommen heißt. Habe stattdessen den Mut, durch eine andere, vielversprechende Tür zu gehen, die auf dich wartet.

Schnipp, Schnapp, Zweifel ab

WELCHE ZWEIFEL MÖCHTEST DU ABSCHNEIDEN WIE KAPUTTE HAARSPITZEN, DIE KEINER MEHR BRAUCHT?

DU KANNST LANGE DARÜBER NACHDENKEN, wieso und weshalb etwas passiert ist. Warum jemand gestorben ist, dich verlassen hat, dir gekündigt hat – den Job oder die Freundschaft. Damit können wir alle viel Zeit verbringen. Aber unsere Zeit ist zu kostbar dafür. Sie wartet nicht auf unsere Erkenntnisse, auf unsere Gedankenblitze, unser Verständnis. Sie schreitet einfach weiter voran. Mit oder ohne uns.

Stoppe das sich wiederholende emotionale und gedankliche Programm, die tägliche Leier, warum du etwas nicht kannst oder jemanden nicht loslassen willst. All das drosselt deine Lebensenergie. Es raubt dir wertvolle Kraft, die du brauchst, um voranzuschreiten. Genau dafür ist das Leben da – nicht zum Stehenbleiben.

TAG 13

60-Sekunden-Meditation

Diese einfache und wirksame 60-Sekunden-Meditation kannst du jederzeit und überall anwenden:

MACHE ES DIR BEQUEM UND SCHLIESSE DEINE AUGEN.

- Atme 5 Sekunden lang ein.
- Halte nun für 5 Sekunden den Atem fest.
- Atme 5 Sekunden lang aus.

WARTE WEITERE 5 SEKUNDEN UND WIEDERHOLE DANN DEN VORGANG.

Übe diese Atemmeditation jeden Tag für eine Minute. Sie kann dich bei regelmäßiger Anwendung darin unterstützen, deinen Geist zu beruhigen und deine innere Stärke zu festigen.

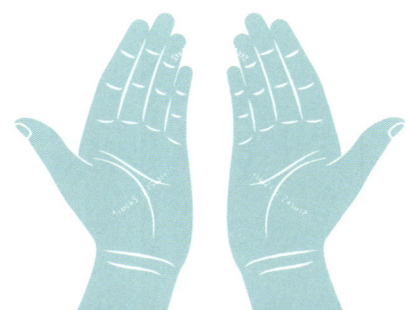

Die BLOCKADE in dir

Gibt es jemanden in deinem Leben, auf den du
sauer oder wütend bist?
Du fühlst dich enttäuscht oder verletzt?
Warst du bisher noch nicht bereit, dieser Person zu verzeihen,
weil du meinst, dass du ihr dadurch erlaubst,
dich beim nächsten Mal wieder zu enttäuschen oder zu verletzen?

**WEISST DU, DASS DU DIR DADURCH DEINE GELASSENHEIT NIMMST?
DASS DU WERTVOLLE ENERGIE BLOCKIERST?**

Auf deiner Blockade steht: „**ICH WILL NICHT VERZEIHEN.**"

VERWEIGERE DICH NICHT DEM OFFENSICHTLICHEN. Solange du nicht akzeptierst, dass eine bestehende Beziehung nur noch eine Farce ist, dass ein Mensch gegangen ist oder dass dir dein Job gekündigt wurde, hältst du dich selbst gefangen.

Erinnere dich daran, dass es auch eine Zeit davor gab, die du ohne etwas oder jemanden leben konntest. Akzeptiere das, was ist, damit du entscheiden kannst, wie du deinen weiteren Weg gestalten möchtest.

ERKENNE, WER DU WARST, UND SCHAUE, WER DU AB JETZT OHNE X, Y ODER Z SEIN MÖCHTEST.

Ein gesegneter Schlussstrich

Egal, ob du religiös bist oder nicht: Gehe heute in eine Kirche, zünde dort eine Kerze an und bete.
Für dich – und für einen Menschen, mit dem du im Streit lebst, den du meidest oder mit dem du gar nicht mehr redest.

Bete dafür, dass ihr beide aus diesem Zustand befreit werdet. Sieh vor deinem geistigen Auge, wie ihr beide eures Weges geht und sende diesem Menschen deinen Segen für seine Zukunft.

EIN LIEBEVOLLER SCHLUSSSTRICH – FÜHLT SICH DAS NICHT GUT AN?

TAG 17

Wer keinen Sinn im Leben sieht, ist nicht nur unglücklich, sondern KAUM LEBENSFÄHIG.

Albert Einstein

TAG 18

MEHR ZU GEBEN, BEDEUTET NICHT AUTOMATISCH, mehr zu bekommen. Je mehr du gibst, weil du hoffst, dadurch etwas zurückzubekommen (Geld, Anerkennung, Macht, Besitz, Liebe …), desto mehr wächst die Angst in dir, all das auch wieder verlieren zu können.

Das bedeutet nicht, dass du nichts geben oder investieren sollst. Aber frage dich immer, welche Erwartungshaltung hinter deinem Geben steckt.

DENN MIT JEDER ERWARTUNG WÄCHST AUCH DEINE ANGST VOR EINER ENTTÄUSCHUNG.

NUTZE DIESEN PLATZ FÜR DICH, um deine Gedanken aufzuschreiben. Um deine Gefühle auszudrücken, die sich heute, in dieser Woche oder in diesem Monat bemerkbar gemacht haben. Oder um sie anhand einer Zeichnung auszudrücken.

....
....
....
....
....
....
....
....
....

DER MENSCH HAT WOHL VOR NICHTS MEHR ANGST, als am Ende seines Lebens zurückzuschauen und festzustellen, was er alles nicht getan hat. So vieles hat ihn daran gehindert: das fehlende Geld, die fehlende Zeit, das fehlende Talent …

Das sind aber leider nur Argumente, um die Verantwortung nach außen abzugeben. Dabei legst nur du fest, wie dein Leben laufen soll. Nicht deine Eltern, nicht dein Partner, nicht das Geld.

Wir alle haben einen inneren Lehrer. Eine innere Weisheit. Eine innere Stimme. Höre auf sie. Nicht auf das Gerede von außen. Du hast deinen bisherigen Weg gestaltet und wirst auch den weiteren bestimmen. Schaue zurück auf das, was du bisher erreicht hast.

**DARAUS KANNST DU ERKENNEN, WIE ES WEITERGEHEN SOLL –
UND WIE NICHT MEHR.**

Friedensangebot

AB HEUTE VERSPRECHE ICH MIR SELBST, mit mir Frieden zu schließen. Ich verspreche, mit mir ab jetzt so **respektvoll** und **achtsam** zu sprechen, wie ich es mit anderen Menschen tue. Ich höre mit der ständigen Selbstabwertung, Selbstkritik und den Selbstzweifeln auf. Ab heute nehme ich mich **bewusst** und **liebevoll** wahr. Ich lobe mich, ich spreche gut mit und über meinen Körper. **Ich achte auf mich** und entwickle eine immer größere Freude im Zusammensein mit mir. Ich dimme mein Licht nicht mehr, sondern lasse es erstrahlen, damit mich die Welt sehen kann.

Ich mache mir von heute an bewusst, dass ich **gut bin, so wie ich bin.** Ich erlaube es mir, **mein Leben zu genießen.** Ich erfreue mich daran, dass ich ein wertvolles Mitglied in unserer Gesellschaft bin. Ich gieße das Beet der **Selbstliebe mit viel Freude,** damit es ab heute **gedeihen** und **wachsen** kann.

UNTERSCHRIFT UND DATUM:

....

TAG 22

WARUM willst du LEBEN?

WARUM willst du STERBEN?

TAG 23

FÜR DAS GLÜCK MUSST DU BEREIT SEIN, denn es ist ein Zustand, ein Gefühl – und für jeden definiert sich dieses Gefühl anders. Leider glauben viele Menschen, dass andere für ihr Lebensglück verantwortlich sind oder dass alle anderen Glück haben, nur sie nicht. Aber ist es nicht so, dass wir das Glück der anderen Menschen viel zu sehr überbewerten und der Vergleich mit ihnen uns unglücklicher macht als der Nichtvergleich?

Woher weißt du, was für jemanden anderen Glück bedeutet? Wie viele Menschen tun so, als ob sie glücklich wären, nur um nicht darüber nachdenken zu müssen, was sie tatsächlich unglücklich macht? Wie viele Menschen spielen uns etwas vor, und wie oft sehen wir dieses Spiel dann als Wahrheit an?

„Life is for living" und es liegt an jedem Einzelnen, wie sie/er es gestaltet. Daher denke nicht darüber nach, ob und wer glücklicher ist als du, sondern kümmere dich um dein eigenes Glücklich-Sein. Wie auch immer sich das für dich anfühlt.

Glück für die Ohren

Lege heute deine Lieblingsmusik auf und entspanne dabei ausgiebig. Hast du nicht viel Zeit, spiele nur einen Song ab, der dir gute Laune bereitet oder dich entspannt.

OFT REICHT SCHON EINE MINIAUSZEIT FÜR NEUE KRAFT UND STÄRKE.

ES GIBT EINEN GROSSEN UNTERSCHIED zwischen ertragen und akzeptieren. Wir ertragen zum Beispiel unzumutbare Arbeitssituationen mit einem schier unendlichen E-Mail-Strom und zahllosen unfruchtbaren Meetings.

Gegen so einen Stress helfen keine Wellnesswochenenden oder andere Entspannungstricks. Denn dieses Ertragen lähmt auf Dauer nur und macht krank.

Schaue dir deine Lage genau an. Stellt sich heraus – und das geht meist sehr schnell –, dass sie sich nicht mehr positiv verändern wird, kommt die überlebensnotwendige und gesunde Akzeptanz ins Spiel. Nur durch sie erkennen wir, dass eine Situation irreparabel ist und wir unsere kostbare Energie sinnlos verplempern. Gibt es in deinem Leben etwas, das du akzeptieren solltest?

Pranayama

SETZE DICH BEQUEM HIN UND SCHLIESSE DEINE AUGEN, WENN DU DAS MÖCHTEST.

Halte das rechte Nasenloch mit dem Daumen deiner rechten Hand zu und atme durch das linke Nasenloch langsam ein.

Dann wechsle die Seite: Halte mit dem Ringfinger das linke Nasenloch zu, löse den Daumen und atme langsam durch das rechte Nasenloch aus – und wieder ein.

Verschließe das rechte Nasenloch wieder, öffne das linke und atme dadurch aus und wieder ein.

ATME SO IM WECHSEL 11 MINUTEN LANG.

TIPP: Du kannst diese Wechselatemübung auch vor jeder anderen Meditationsübung ausüben, um dann noch tiefer und besser in die nachfolgende Meditation zu kommen.

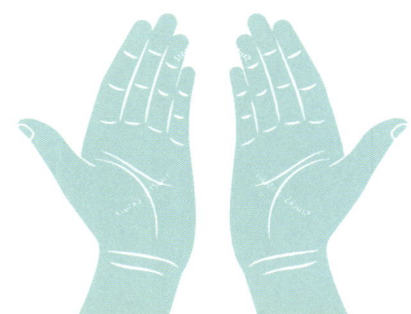

NUTZE DIESEN PLATZ FÜR DICH, um deine Gedanken aufzuschreiben. Um deine Gefühle auszudrücken, die sich heute, in dieser Woche oder in diesem Monat bemerkbar gemacht haben. Oder um sie anhand einer Zeichnung auszudrücken.

TAG
29

AUCH, WENN WIR ALLE UNTERSCHIEDLICHE LEBEN FÜHREN, haben wir eins gemeinsam: Jeder von uns wird sterben. Und auf unserem Sterbebett holen wir nicht unseren Lebenslauf hervor, um zu schauen, wie unsere berufliche Karriere verlaufen ist. Wir werden vielmehr darüber nachdenken, wann wir öfter hätten „Nein" sagen sollen. Wann wir Haltung hätten zeigen sollen. Denn die hätte uns mehr Halt gegeben als eine erfolgreiche Vita.

Wann wirst du heute Haltung zeigen?

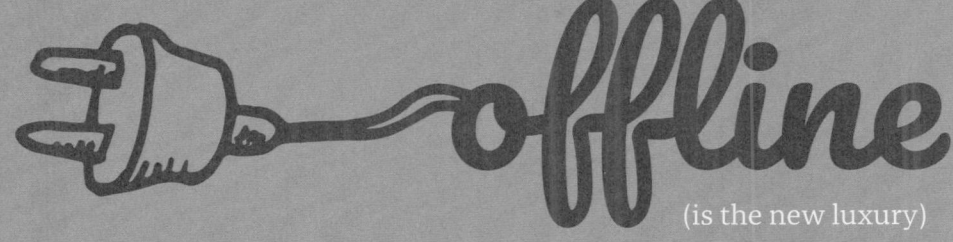

offline (is the new luxury)

TAG
31

Das Offline-Experiment

Offline zu sein, ist unser neuer großer Luxus. Wähle ein Wochenende aus, an dem du alle technischen Geräte beiseitelegst und ganz im Hier und Jetzt bist. Nimm alles langsamer, tiefer, intensiver wahr.

An diesem Wochenende gibt es kein Ziel. Nichts, was du erreichen musst. Keine Veränderung, keine Verbesserung. Es gibt kein anderes Ziel, als alles zu beobachten und allen Empfindungen Raum zu geben.

SCHAFFE IN DEINEM INNEREN EINEN ORT VOLLER LIEBE UND VERTRAUEN. DENN DAS GEHT AM BESTEN OFFLINE.

OFT IST ES DIE ANGST VOR VERLUST, die uns an Dingen oder Menschen festhalten lässt. Wir wollen zum Beispiel nicht älter werden, sondern am liebsten bei Mitte 30 stehen bleiben. Aber so funktioniert das Leben nicht.

Du hast deine Zukunft in der Hand. Denn du entscheidest, wie lange du die Veränderung aufhältst, weil du willst, dass alles so bleibt, wie es ist.

WAS NATÜRLICH UNMÖGLICH IST — UND DAS MACHT DICH UNGLÜCKLICH.

Kannst du Pause?

WIE OFT GÖNNST DU DIR EINE PAUSE?
UND WIE MUSS DIESE PAUSE AUSSEHEN, DAMIT SIE DICH STÄRKEN KANN?

TAG 34

WIE RICHTIG FÜHLT SICH DEIN LEBEN AN?

TAG 35

Es gibt kein RICHTIGES LEBEN im falschen.

Theodor W. Adorno

TAG 36

WIR LEBEN IN EINER WELT DER DUALITÄT, nichts existiert ohne ein Gegenüber. Du kannst nicht immer nur die eine Seite der Münze wahrnehmen und die andere Seite ignorieren. Es gibt gute und schlechte Zeiten: So ist das eben im Leben.

Klar sind wir happy, wenn wir gesund und fit sind, finanziell gut dastehen. Daher ist der Widerstand gegen ein Ereignis, das diesen Zustand ins Wanken bringen könnte, umso größer.

**WER WILL SCHON WENIGER HABEN? WER WILL ALTERN?
WER WILL KRANK WERDEN?**

Aber durch Gedanken daran, was alles passieren könnte, machen wir uns das Hier und Jetzt kaputt. **WIR STRESSEN UNS, ANSTATT ZU GENIESSEN.** Dabei schöpfen wir in solchen Momenten Kraft für Phasen, in denen es nicht so gut läuft. Die meisten Krisen finden nur in unserem Kopf statt.

TAG 37

NUTZE DIESEN PLATZ FÜR DICH, um deine Gedanken aufzuschreiben. Um deine Gefühle auszudrücken, die sich heute, in dieser Woche oder in diesem Monat bemerkbar gemacht haben. Oder um sie anhand einer Zeichnung auszudrücken.

TAG 38

**WENN WIR UNSEREN KÖRPER IM STICH LASSEN,
TUT ER DAS IRGENDWANN AUCH.**

Wir sollten uns daher um ihn kümmern, wenn er die ersten
Warnsignale in Form von Krankheitssymptomen sendet.

Aber stattdessen machen wir weiter, reißen im Hamsterrad emsig
einen Kilometer nach dem nächsten runter. Weil wir denken,
wir müssen alles geben. Viele glauben förmlich,
sie bekämen einen Orden für ihren Einsatz bis zum Letzten.
Aber die Diagnose „Burnout" ist keine Auszeichnung.

**DABEI IST JEDER VON UNS ERSETZBAR. NUR UNSER KÖRPER NICHT.
BEHANDLE IHN DAHER GUT!**

TAG 39

TAG 40

BEGEISTERUNG LÄSST DEIN HERZ HÖHERSCHLAGEN. Sie bringt dich in den Flow und macht alles andere unwichtig. Im Flow lassen wir uns nicht von anderen Dingen oder Menschen ablenken. Wir machen uns keine Gedanken, wer was von uns denken könnte, sondern sind ganz fokussiert auf das Hier und Jetzt.

Unsere Sinne spielen beim Flow eine große Rolle. Das Fühlen von sonnenwarmem Gras kann uns in einen Flow-Zustand bringen, natürlich auch das Hören von Musik, der wunderbare Duft beim Kochen oder das intensive Betrachten einer hübschen Blume.

LASS DICH HEUTE IN DEN FLOW LOCKEN!

Ein Flow fürs Herz

Nimm dir heute eine ausgiebige Flow-Zeit.

FÜR WAS KANNST DU DICH BEGEISTERN?
WAS LÄSST DEIN HERZ HÖHERSCHLAGEN? TAUCHE HINEIN!

TAG 42

Was ist dir heute alles NICHT passiert?

Wie wäre es, wenn du mindestens für den Rest des Monats nur darauf achtest, was für ein Glückskind du bist, weil du zum Beispiel jeden Abend gesund zu Hause ankommst? Und wenn dich jemand fragt, wie dein Tag war, dann antwortest du:

„SEHR GUT, DENN ICH BIN HEILE ZU HAUSE ANGEKOMMEN."

WÜRDE DAS DEN ALLTAGSSTRESS NICHT IN DEN HINTERGRUND RÜCKEN?

WIE SEHR IST DIR BEWUSST, dass deine Lebenszeit endlich ist? Dass deine Lieben, mit denen du bisher dieses Leben teilen durftest, gehen werden? Vor dir oder nach dir. Und dass es vor allem darauf ankommt, wie ihr diese kostbare Zeit zusammen verbringt?

Nimm dir Zeit, um dich mit Menschen auszutauschen, die dir wichtig sind. Nimm dir Zeit, um sie anzuschauen, sie wirklich wahrzunehmen. Nimm dir Zeit, um nicht nur hin-, sondern richtig zuzuhören.

Wir alle sollten uns die Zeit nehmen, gegenseitig auf uns zu achten, um so viel Zeit wie möglich miteinander verbringen zu können.

DENN DAS IST ES DOCH, WAS DEM LEBEN EINEN SINN GIBT, NICHT WAHR?

Dein INNERER Ruheraum

Der Begriff „Meditation"
kommt vom lateinischen Wort „meditatio" oder „meditari"
und bedeutet „über etwas nachsinnen", „nachdenken", „überlegen".
Zu meditieren bedeutet, trotz des Gedankenstroms,
den unser Verstand unermüdlich produziert,
in einen Zustand zu kommen, in dem wir das Gefühl haben,
wir sind auf einer anderen Gewahrseinsebene,
obwohl unser Verstand weiterhin aktiv ist.

Nimm die drei Buchstaben **R – R – R**.
Sie stehen für **Reiz – Raum – Reaktion**.
In der Meditation übst du dich darin,
im Alltag nicht mehr sofort auf jeden Reiz zu reagieren,
indem du mithilfe deines Atems in deinen inneren Raum gehst.
Dort fühlst du dich hinein.
Das ist der Ort deiner Essenz und dort kannst du dich
wirklich kennenlernen.

TAG 45

> Wenn ich jemanden »Das Leben ist hart« seufzen höre, bin ich immer versucht zu fragen: »IM VERGLEICH WOZU?«
>
> — Sydney J. Harris

TAG 46

IST DIR KLAR, DASS WIR IM LEBEN ALLE SCHON MAL IRGENDWANN GESTOLPERT ODER GEFALLEN SIND?

DASS WIR IMMER MAL HILFE BRAUCHEN, IN WELCHER FORM AUCH IMMER?

Wir können nur in einer Gemeinschaft leben,
wenn wir bereit sind, Fehler zu verzeihen.
Die Fehler anderer, aber auch unsere eigenen.

Sobald du jemandem etwas verzeihst,
löst du dich von der Vergangenheit.
Ob du demjenigen wieder vertrauen wirst, zeigt die Zukunft.
Dazu muss dieser Mensch dir beweisen,
dass er deines Vertrauens würdig ist.

Je öfter du vergibst,
desto mehr blockierte Energie setzt du für deine Gegenwart frei.
So kann sich in dir ein Gefühl des Friedens ausbreiten.

DU FÜHLST DICH ENDLICH FREI.

NUTZE DIESEN PLATZ FÜR DICH, um deine Gedanken aufzuschreiben. Um deine Gefühle auszudrücken, die sich heute, in dieser Woche oder in diesem Monat bemerkbar gemacht haben. Oder um sie anhand einer Zeichnung auszudrücken.

....
....
....
....
....
....
....
....
....

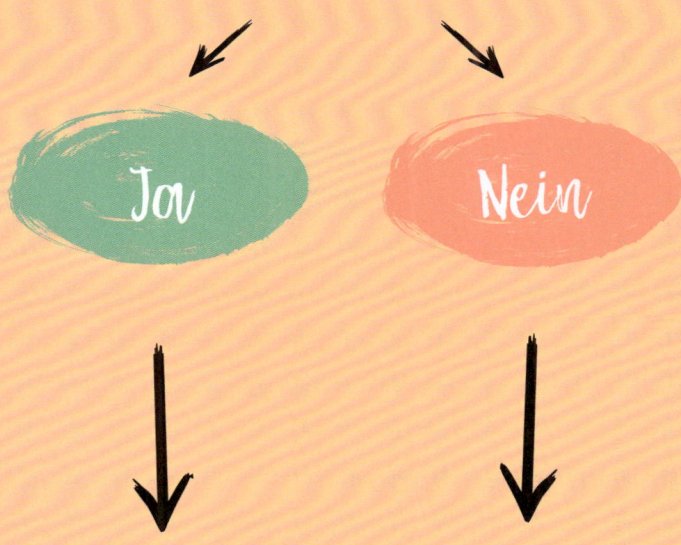

GEHÖRST DU ZU DEN MENSCHEN,
DIE GEFÜHLE EHER BLÖD UND ANSTRENGEND FINDEN?
DU FÄNDEST ES TOLL, KEINE ANGST MEHR EMPFINDEN ZU MÜSSEN, KEINEN LIEBESKUMMER, KEINEN SCHMERZ?

ABER IN EINER WELT OHNE GEFÜHLE WÜRDEN WIR AUCH KEINE LIEBE KENNEN. WIE TRAURIG WÄRE DAS!

In dieser Welt würden wir uns zu nichts verpflichtet fühlen. Wir hätten keine Motivation und keine Ziele. Nichts zu fühlen, würde also bedeuten, dass wir leben würden, ohne wirklich zu leben.

UND DAS IST DOCH AUCH KEINE ALTERNATIVE, ODER?

WIE VIEL STRESS HOLST DU DIR IN DEIN LEBEN,
weil du keinen genauen Plan hast?
Und wie viel Stress holst du dir in dein Leben, weil
du dich zu genau an deinen Plan hältst?

Schaue dir die verschiedenen Bereiche deines Lebens an
(beruflich, privat, zwischenmenschlich), in denen
du dich noch selbst stresst.

Wie kannst du selbst für mehr Gelassenheit sorgen?

Wie geht es dir mit der GEFÜHLSPALETTE, die du in dir trägst?

Bist du in der Lage, sie anzunehmen,
oder möchtest du sie lieber verdrängen?

MÖCHTEST DU DEINE GEFÜHLE VERSTEHEN, ANSTATT SIE ZUNÄCHST ZU FÜHLEN?

WILLST DU NUR DIE GUTEN GEFÜHLE FÜHLEN, ABER
DIE UNANGENEHMEN ZUR SEITE SCHIEBEN?

Jedes EMOTIONALE EREIGNIS hinterlässt einen Abdruck in unserem Leben.

WENN DER NICHT HÄSSLICH SEIN SOLL, MÜSSEN WIR UNS MIT UNSEREN GEFÜHLEN DAZU AUSEINANDERSETZEN.

Im Labyrinth der Emotionen ist eine starke Taschenlampe nützlich, die beleuchtet, warum wir zum Beispiel auf den Erfolg eines anderen Menschen mit Neid oder Wut reagieren.

Wir dürfen in uns hineinfühlen, warum wir anderen ein Lob verweigern, obwohl es angebracht wäre. All das hat immer mit uns selbst zu tun.

MIT UNSEREN GEDANKEN UND DEN GEFÜHLEN, DIE DAHINTERSTECKEN.

WANN sage ich mir, dass ich WUNDERBAR bin?

TAG 55

SAGT ES DOCH DEN MENSCHEN,
WENN IHR SIE TOLL FINDET.
Wenn euch GEFÄLLT, was sie tun.
Wenn ihr sie LIEBENSWERT findet.
Wenn sie eine BEREICHERUNG
in eurem LEBEN sind.
Wenn ihr DANKBAR für sie seid.
Wenn ihr sie mögt und LIEBT.
Wenn ihr sie UMARMEN wollt.
Wenn ihr sie nicht nur anfassen, sondern
auch BERÜHREN wollt.
SAGT UND ZEIGT ES IHNEN DOCH!

Die DREI magischen Formeln

DREI EIGENSCHAFTEN MACHEN DICH STARK UND GLÜCKLICH. SAGE DIR DIE FOLGENDEN FORMELN DAHER SO OFT WIE MÖGLICH LAUT ODER LEISE VOR:

1. VERSTÄNDNIS: „Ich habe verstanden, dass ich niemanden verändern kann, nur mich selbst."

2. GEDULD: „Ich bleibe immer öfter geduldig, auch wenn nicht alles so läuft, wie ich mir das vorstelle. Ich kann nicht alles kontrollieren und reagiere ab jetzt immer gelassener, wenn etwas schiefgeht."

3. WIDERSTANDSFÄHIGKEIT: „Ich weiß, dass Niederlagen oder ausbleibende Erfolge zum Leben gehören und bleibe trotzdem an meinem großen Ziel dran. Denn es gibt noch andere Wege, die dort hinführen, und ich bin bereit, diese zu gehen."

WANN SIND WIR GIERIG? WANN UNZUFRIEDEN? Immer dann, wenn wir anfangen, uns zu vergleichen. Wenn wir aufhören, uns daran zu erinnern, dass Gott (oder an wen oder was wir auch immer glauben) nur Originale erschaffen hat.

DAHER IST ES SO WICHTIG, DASS WIR UNS ALS ORIGINAL FÜHLEN UND NICHT ALS KOPIE DURCHS LEBEN LAUFEN. Wenn wir nur eine Kopie von irgendjemandem sind, fühlen wir uns auf Dauer falsch und unvollständig. Dann fangen wir an, unzufrieden mit dem zu sein, was ist und wer wir sind. Wir entwickeln Gier und schauen auf die anderen.

ETWAS DARZUSTELLEN, was wir nicht sind oder wofür wir nicht geschaffen sind, führt zwangsläufig zu einem Gefühl des Versagens, der Frustration und des Leidens.

NUTZE DIESEN PLATZ FÜR DICH, um deine Gedanken aufzuschreiben. Um deine Gefühle auszudrücken, die sich heute, in dieser Woche oder in diesem Monat bemerkbar gemacht haben. Oder um sie anhand einer Zeichnung auszudrücken.

....
....
....
....
....
....
....
....

Ein notwendiger WACHSTUMSSCHUB

Welche Situation, die du als stressig und schwierig empfunden hast, hat dich letztendlich weitergebracht? Und zwar so, wie du es ohne diese Herausforderung nicht geschafft hättest?

WELCHE UNANGENEHME, SCHMERZHAFTE PHASE HAT DIR ALSO EINEN NOTWENDIGEN WACHSTUMSSCHUB GESCHENKT?

VERDEUTLICHE DIR: OHNE DIESES ERLEBNIS WÄRST DU NICHT DA, WO DU HEUTE BIST.

BEFINDEST DU DICH GEDANKLICH UND GEFÜHLSMÄSSIG ZU OFT IM VERGLEICH UND NICHT IM MOMENT, SODASS DU DIR FEHLERHAFT VORKOMMST?

Leider vergessen wir sehr oft das Kind in uns, das noch die große Leichtigkeit kennt und viel unbeschwerter an die Dinge herangeht als Erwachsene. Genieße den Moment, in dem etwas klappt, um ihn dann intensiv in der Erinnerung abzuspeichern. Damit du ihn hervorholen kannst, wenn etwas schiefläuft.

Mache Dinge, weil sie dir SPASS machen – nicht, um eine Tätigkeit perfekt zu beherrschen.

ICH BIN NICHT PERFEKT

und ich arbeite auch nicht daran!

TAG 62

Body-SCAN

SETZE ODER LEGE DICH BEQUEM HIN. NIMM EIN PAAR TIEFE ATEMZÜGE UND KONZENTRIERE DICH DANN AUF DEINEN LINKEN FUSS. SAGE INNERLICH ZU DIR:

„Ich habe einen linken Fuß, ich weiß, dass er da ist. Ich spüre ihn, ohne ihn dafür anfassen zu müssen."

Dann lenkst du deine Aufmerksamkeit auf dein linkes Bein und wiederholst den Vorgang.

Danach kommt dein linkes Gesäß, dein linker Arm, deine linke Hand dran. Wahrnehmen, spüren und wissen, dass jeder dieser Bereiche da ist.

Danach machst du das Gleiche mit der rechten Körperhälfte: rechter Fuß, rechtes Bein, rechtes Gesäß, rechter Arm und rechte Hand.

Zum Schluss nimmst du deinen Oberkörper, deinen Rücken, deinen Nacken, deinen Hals und deinen Kopf wahr.

MACHE DIESE MEDITATION KONZENTRIERT UND BEWUSST 15 BIS 30 MINUTEN LANG.

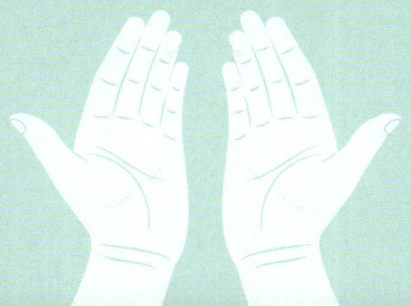

TAG 63

Das eigene Wesen VÖLLIG zur Entfaltung zu bringen, das ist unsere BESTIMMUNG.

Oscar Wilde

UNSERE GESELLSCHAFT STREBT NACH ANERKENNUNG, WOHLSTAND UND BESITZ. ALLES DREHT SICH UM DEN BEGRIFF „ERFOLG". ABER WAS IST DAS GENAU?

Erfolg bedeutet zunächst einmal, dass du etwas tust und daraus ein Ergebnis er-folgt. Dein jetziges Leben ist das Ergebnis einer Abfolge von Handlungen. Auch das Unterlassen einer Handlung ist ein Ergebnis.

SOLANGE ALSO ETWAS NOCH NICHT SO IST, WIE DU ES DIR VORSTELLST, WÜNSCHST, ERHOFFST ODER ERTRÄUMST, DARFST DU NOCH EINMAL ÜBERPRÜFEN, WAS DU DAFÜR BISHER GETAN ODER NOCH NICHT GETAN HAST.

TAG 65

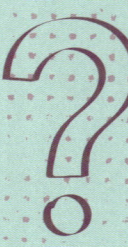

Bist du mit dem, was du getan hast oder nicht getan hast, zufrieden?

Fühlst du dich damit erfolgreich? Ist das, was du tust, ein Mehr-Wert für unsere Gesellschaft?

WIE SIND DAZU DEINE GEDANKEN UND GEFÜHLE?

SIND SIE IM EINKLANG MIT DEINEN WÜNSCHEN? ODER LEBST DU EIN LEBEN – OB PRIVAT ODER BERUFLICH –, DAS DIR GAR NICHT (MEHR) GEFÄLLT?

Weißt du, was WIRKLICH traurig ist?

Dass die Freiheit für uns da ist, um ein Leben nach unseren Vorstellungen zu leben. Aber wir nutzen diese Chance nicht.

WIR ZIEHEN ES VOR, UNSER LEBEN IN ALTEN MUSTERN GEFANGEN ZU LEBEN. VIEL ZU OFT SAGEN: „ICH WÜRDE JA GERNE, ABER ..."

Hör auf, nur am Ufer des Meeres der Möglichkeiten zu stehen, und zu hoffen, dass das Ziel auf dich zukommt. Das wird es nicht – und somit wird es nur ein Traum bleiben.

STEIGE IN DAS WASSER, TRINKE DAS WASSER, WERDE ZUM WASSER! DENN SO WIRST DU AUCH ZUM ZIEL, DAS DU ERREICHEN MÖCHTEST.

TAG 67

Was ist dein TÄGLICHES Aber?

TAG 68

NUTZE DIESEN PLATZ FÜR DICH, um deine Gedanken aufzuschreiben. Um deine Gefühle auszudrücken, die sich heute, in dieser Woche oder in diesem Monat bemerkbar gemacht haben. Oder um sie anhand einer Zeichnung auszudrücken.

....
....
....
....
....
....
....
....
....

JEDE ERFAHRUNG, DIE WIR IN DER VERGANGENHEIT GEMACHT HABEN, wird von uns als gut oder schlecht bewertet und im emotionalen Erfahrungsgedächtnis abgespeichert. Das soll uns dabei helfen, kommende Entscheidungen zu fällen.

Viele Menschen scheuen sich vor Entscheidungen, denn sie blicken eher auf das zurück, was nicht funktioniert hat. Und um das in Zukunft zu vermeiden, wird lieber gar nichts mehr entschieden – was übrigens auch eine Entscheidung ist.

Wir treffen jeden Tag bewusst oder unbewusst bis zu 20 000 Entscheidungen und wissen meist erst hinterher, ob diese gut waren oder nicht, richtig oder falsch, schlau oder dumm.

SEI MUTIG UND ENTSCHEIDE DICH!

Wie lautet dein SEELEN-WUNSCH?

WER WARST DU BIS JETZT?

Wer möchtest du noch sein in diesem einzigen, wilden und kostbaren Leben?

WAS MÖCHTEST DU DAMIT NOCH ANFANGEN?

Was wünscht sich deine Seele von dir?

JEDER MENSCH HAT SEINEN EIGENEN ERFAHRUNGSSCHATZ. Je nachdem, wie deine Erfahrungen waren, können sie bedrohliche Schatten in die Zukunft werfen. Das hindert dich daran, bewusst in der Gegenwart zu leben und von dort aus auch bewusst zu planen. Dadurch kannst du deine Träume aus den Augen verlieren, und darunter leidet deine Lebensenergie sehr.

DEINE ERFAHRUNGEN KANN DIR KEINER NEHMEN, EGAL, WIE SCHLIMM SIE WAREN. Aber du kannst dich emotional so von ihnen lösen, dass sie dich auf deinem weiteren Weg nicht mehr behindern.

Und dass die Schatten nicht mehr so beängstigend wirken.

Raus aus der Neid-Falle

TAPPST DU HÄUFIG IN DIE NEID-FALLE? WEIL DU DICH VIEL ZU OFT (BEWUSST ODER UNBEWUSST) MIT ANDEREN VERGLEICHST?

DAS INTENSIVIERT IN DEINEM KOPF DAS GEFÜHL, DASS DU

... nicht so einzigartig bist wie andere.

... weniger kannst als andere.

... weniger bekommst als andere.

... unbedingt mehr haben musst als andere.

HÖRE IN DEM MOMENT BEWUSST AUF DAMIT. DANN VERSCHWINDET AUCH DAS NEGATIV-GEFÜHL IM KOPF.

TAG 74

Es gibt PHILOSOPHEN, die sagen, dass die Welt einzig und allein in unserem Kopf existiert.

Manchmal ist das auch so. Nämlich dann, wenn wir meinen, die Gedanken anderer Personen würden sich ständig um uns drehen. Wenn wir meinen, diese Menschen hätten nichts anderes zu tun, als darauf zu achten, was wir sagen, wie wir uns bewegen, wie wir aussehen, wie viele Falten wir im Gesicht haben oder ob wir tatsächlich so alt oder jung aussehen, wie es im Pass steht.

WENN WIR STÄNDIG VERSUCHEN, DIE GEDANKEN ANDERER ÜBER UNS ZU LESEN, KANN DAS GANZ SCHÖN ANSTRENGEND SEIN, NICHT WAHR?

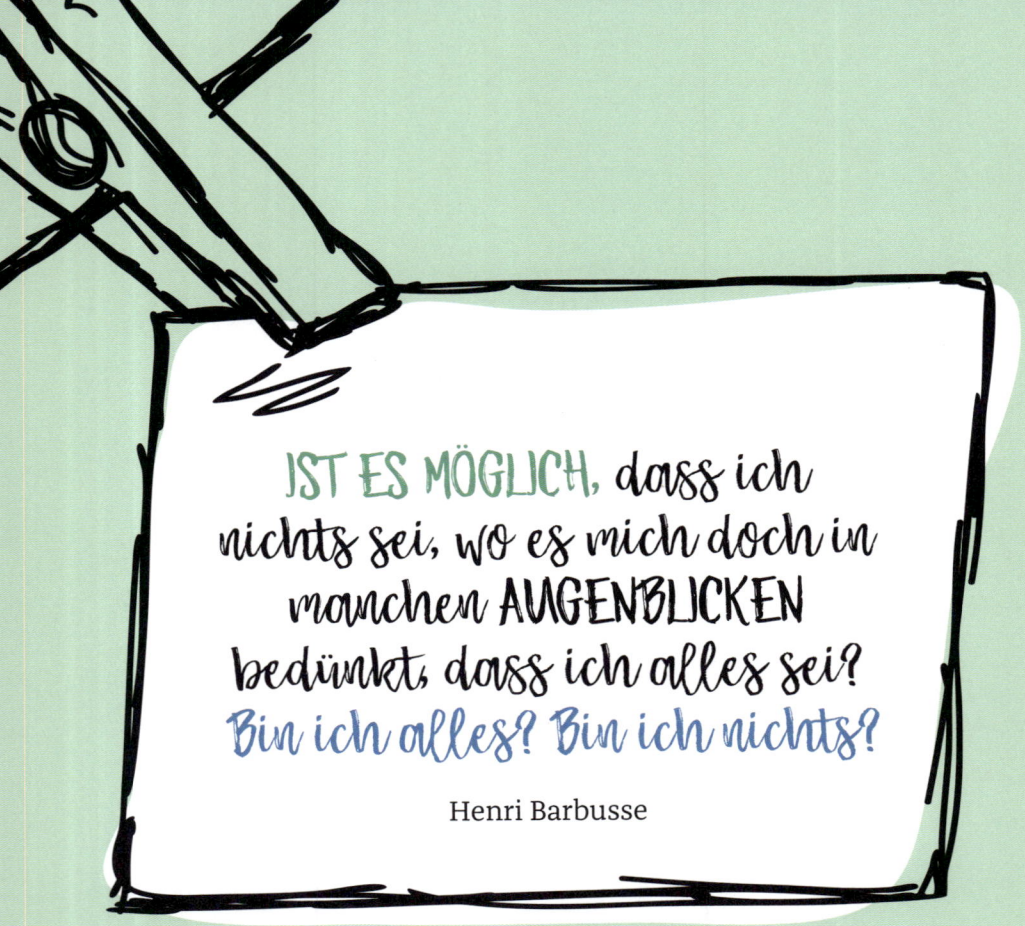

IST ES MÖGLICH, dass ich nichts sei, wo es mich doch in manchen AUGENBLICKEN bedünkt, dass ich alles sei? Bin ich alles? Bin ich nichts?

Henri Barbusse

GEHEN

MACHE DIESE MEDITATION entweder drinnen oder gehe dafür nach draußen. Sollten die Temperaturen und der Boden es zulassen, kannst du sie auch barfuß ausüben.

Öffne deine Wahrnehmung für deine Füße und den Boden unter dir. Atme ein paar Mal bewusst ein und aus.

Setze deinen rechten oder linken Fuß mit der Ferse zuerst ganz langsam nach vorne und rolle dann den Fuß ab, sodass du ihn komplett auf dem Boden spürst. Danach kommt der andere Fuß dran.

BLEIBE MIT DEINER GESAMTEN AUFMERKSAMKEIT BEI DEM VORGANG DES GEHENS. BEI DIESER MEDITATION GEHT ES DARUM, DASS DU LANGSAM LÄUFST, ES GEHT NICHT UM EIN ANKOMMEN, SONDERN UM DAS GEHEN AN SICH.

MACHE DIESE MEDITATION MINDESTENS 5 MINUTEN LANG.

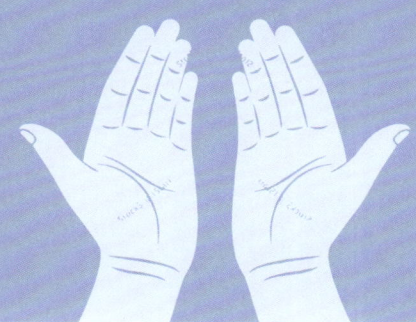

KENNST DU AUCH MENSCHEN, DIE DIR STÄNDIG ERZÄHLEN, MAN MÜSSE NUR POSITIV GENUG DENKEN, DANN KÖNNE MAN ALLES WERDEN UND ALLES ERREICHEN?

Man müsse nur allem Negativen auch etwas Positives abgewinnen. Bist du schon Mitglied in diesem „Klub der Optimisten"? Ich nicht. Denn diese „Funkel, strahle und verbinde dich mit deinem höheren Selbst"-Bewegung basiert auf Einseitigkeit. Aber so ist das Leben nicht. Das Leben liebt die Balance und das Leben besteht aus Dualität. Es geht also nicht um die Frage, ob es sein kann, dass wir auch mal schlecht drauf sind und wie ein Häufchen Elend durch die Welt schlurfen.

ES GEHT DARUM, WAS WIR TUN KÖNNEN, DAMIT DIESER ZUSTAND UNS NICHT SO MITREISST, DASS WIR EINES TAGES NICHT MEHR DAS BETT VERLASSEN.

NUTZE DIESEN PLATZ FÜR DICH, um deine Gedanken aufzuschreiben. Um deine Gefühle auszudrücken, die sich heute, in dieser Woche oder in diesem Monat bemerkbar gemacht haben. Oder um sie anhand einer Zeichnung auszudrücken.

....

....

....

....

....

....

....

....

TAG 79

... WENN DU AUCH MAL SCHLECHT DRAUF BIST.

... WENN DU DEINEN EIGENEN WEG GEHST.

... WENN DU MAL ZWEIFELST.

... WENN DU WÜTEND BIST.

... WENN DU EIN ZIEL NICHT ERREICHST.

... WENN DU STOLPERST.

... WENN DU MAL NICHT WEITERWEISST.

... WENN DU NICHT SO EINFACH LOSLASSEN KANNST.

ALL DAS IST OKAY! Hauptsache, du machst es dir nicht zur Gewohnheit.

AN DIR IST NICHTS FALSCH,
wenn du noch nicht deinen Traumprinzen
oder deine Prinzessin gefunden hast.
Wenn auf deinem Konto Ebbe statt Flut herrscht.
Wenn deine Ängste immer noch da sind,
obwohl du gefühlt bereits 10 000 Mal gesagt hast:

„ICH BIN MUTIG. ICH KANN DAS. ICH SCHAFFE DAS."

Höre auf, wenn deine Erziehung,
deine limitierenden Glaubenssätze,
deine Selbstzweifel und dein Mangel an Selbstbewusstsein
dir bisher noch einen Strich durch die Rechnung machen.
Denn das sorgt nur für noch mehr Druck.

**UND DER IST DAS GEGENTEIL VON GELASSENHEIT.
SEI NACHSICHTIG MIT DIR – SO WIE DU ES AUCH
BEI EINEM GUTEN FREUND WÄRST.**

Wann sagst du STOPP?

1. Wie oft planst du Gespräche, die du in Wirklichkeit nie führen wirst?

2. Bist du dir dessen bewusst?

3. Falls ja, warum hörst du nicht auf damit?

4. Und wie kannst du das beim nächsten Mal schneller schaffen?

5. Falls du auf Frage 1 geantwortet hast, dass du eben gut vorbereitet sein möchtest, lies dir die Frage noch einmal genau durch.

ÜBERWINDE deine Angst!

Gibt es in deinem Leben eine Herausforderung, der du dich schon länger stellen möchtest, die du aber bisher erfolgreich verdrängt hast? Eigentlich weißt du, dass es dich stärken würde, wenn du dich endlich dieser Aufgabe stellen würdest. Aber du hast Angst, was diese neue Erfahrung alles mit sich bringt.

VERINNERLICHE BITTE:
AUF DER ANDEREN SEITE DER ANGST WARTET NICHTS FÜRCHTERLICHES, SONDERN FREUDE, STOLZ, FREIHEIT UND GANZ VIEL SELBSTLIEBE.

MACHE DIR DAZU EINMAL GEDANKEN UND SCHREIBE AUF, BIS WANN DU DICH DEINER HERAUSFORDERUNG GESTELLT HABEN MÖCHTEST.

Hast du WIRKLICH das Problem, DAS DU ZU HABEN MEINST?

TAG 84

DEINE ERFAHRUNGEN STEUERN DEINE ZUKUNFT. SIE HABEN EINFLUSS AUF DEINE GEDANKEN, DEINE GEFÜHLE UND DEIN VERHALTEN. ÄNDERST DU SIE NICHT, SO IST DEIN VERHALTEN IMMER DAS GLEICHE – UND MIT DEM IMMER GLEICHEN VERHALTEN WERDEN DEINE BEDÜRFNISSE NICHT BEFRIEDIGT UND SICH NICHT ERFÜLLEN.

Viele von uns glauben erst etwas, wenn sie es gesehen haben. Daher tun sich die Menschen auch oft schwer mit ihrem eigenen „erfolgreichen" Leben. Sie wollen zwar etwas erreichen, glücklich, beliebt, vermögend und gesund sein. Aber wenn es darum geht, sich das sowohl bildlich als auch gefühlsmäßig vorzustellen, wird es schwierig. Denn es muss stimmig sein. Ziele, Bilder, Gedanken, Gefühle und Verhalten:

ALL DAS MUSS ZUSAMMENPASSEN, DAMIT ES EINTRETEN KANN.

Manchmal vermag uns ein durch den Asphalt brechender Löwenzahn die tägliche Frage nach dem SINN DES LEBENS eindrücklicher und überzeugender zu beantworten, als eine ganze BIBLIOTHEK philosophischer Schriften.

LIEBE ODER ANGST? Jeden Morgen stehen wir mit einer dieser beiden Emotionen auf und starten in den Tag. Wir wechseln in den darauffolgenden Stunden immer mal wieder zu unterschiedlichen Varianten dieser beiden Ur-Emotionen – je nachdem, in welcher Situation wir uns gerade befinden.

WIR KÖNNEN UNS EINSAM (ANGST) ODER GEBORGEN (LIEBE) FÜHLEN. Unglücklich (Angst) oder glücklich (Liebe), machtlos (Angst) oder mächtig (Liebe). Wir können lügen (Angst) oder ehrlich sein (Liebe). All diese Gefühle begegnen uns im Laufe eines Tages.

WENN WIR SIE BEWUSST WAHRNEHMEN, KÖNNEN WIR ENTSCHEIDEN, IN WELCHEN WIR VERHARREN WOLLEN – UND IN WELCHEN NICHT.

Starte mit LIEBE in den Tag

Hast du morgens schon mal in dich hineingefühlt, um herauszufinden, wie es dir geht und welche Emotion dich erfüllt, bevor du aufstehst?

LASS DIE LIEBE ÜBERWIEGEN, WENN DU IN DEN TAG STARTEST.

DAS GEFÜHL FÜR DEN EIGENEN SELBSTWERT IST DAS FUNDAMENT, AUF DEM UNSER LEBEN STEHT. ALLES WEITERE, WIE SELBSTBEWUSSTSEIN, SELBSTVERTRAUEN ODER SELBSTAKZEPTANZ, BASIEREN DARAUF.

Ein gesunder Selbstwert ist ein Grundbedürfnis des Menschen, aber leider ist er sehr fragil. Meist hat er schon in der Kindheit gelitten, weil er damals nicht so gestärkt wurde, wie es gut und gesund gewesen wäre.

Wer einen gesunden Selbstwert besitzt, weiß, was er möchte, und strebt erfolgreich danach. Hat jemand schlechte Erfahrungen gemacht, steht er seinem Selbstwert kritisch und negativ gegenüber.

UND DAS WIRKT SICH AUF ALLE ANDEREN BEGRIFFE AUS, DIE MIT DEM „SELBST" ANFANGEN …

NUTZE DIESEN PLATZ FÜR DICH, um deine Gedanken aufzuschreiben. Um deine Gefühle auszudrücken, die sich heute, in dieser Woche oder in diesem Monat bemerkbar gemacht haben. Oder um sie anhand einer Zeichnung auszudrücken.

....
....
....
....
....
....
....
....
....

Suche dir deine SOCKEN nach der Farbe aus und deine Freunde nach ihrem CHARAKTER.

WORUM GEHT ES IM LEBEN WIRKLICH?

TAG 92

ATEMZÜGE zählen

SETZE ODER LEGE DICH HIN. Wenn du sitzt, stelle bitte beide Füße auf den Boden. Mach es dir so bequem, dass du dich die nächsten 5 bis 10 Minuten ganz entspannt ins Hier und Jetzt gleiten lassen kannst.

- Nimm deinen Atem als eine Möglichkeit wahr, um dich in eine angenehme Entspannung begleiten zu lassen.
- Nun nutzt du deinen Atem zur Meditation, indem du mit demnächsten Ein- und Ausatmen innerlich die Zahl 1 sagst.
- Dann atmest du wieder ein und aus und sagst innerlich 2.
- Das wiederholst du so lange, bis du die Zahl 10 erreicht hast.

SOLLTEST DU MERKEN, DASS DU BIS DAHIN VON ETWAS ABGELENKT WARST UND AN ETWAS ANDERES GEDACHT HAST, FÄNGST DU WIEDER VON VORNE BEI DER ZAHL 1 AN. MACHE DIESE ATEMMEDITATION 5 MINUTEN LANG.

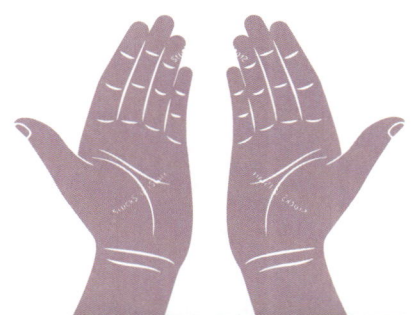

DIE SEELE IST MIT DEM GEHIRN VERKNÜPFT, sie kann mithilfe von Magnetresonanztomographie erforscht werden. Trotzdem macht sie, was sie will, und bleibt alles in allem ein Rätsel. Sie kann zur Lebensretterin werden, sie ist Trostspenderin und produziert die natürlichste Droge der Welt: das Glück. Die Seele ist eine Kämpfernatur, sie ist zart und hart, sie ist einfallsreich. Sie trifft Entscheidungen, über die wir uns manchmal wundern.

Die Seele erinnert uns ständig an die schönen Dinge aus der Vergangenheit, aber auch an die weniger schönen, die wir am liebsten vergessen würden. Manchmal gelingt uns das sogar, aber nur so lange, bis die Seele meint, dass es wichtig ist, uns doch noch einmal an etwas zu erinnern. Sie ist die heimliche Herrscherin.

DAHER IST ES SO WICHTIG, DASS WIR SIE FÜHLEN UND MIT IHR KOMMUNIZIEREN, UM SIE BESSER VERSTEHEN ZU KÖNNEN.

> Immer wenn man DIE MEINUNG der Mehrheit teilt, ist es Zeit, sich zu BESINNEN.
>
> — Mark Twain

SCHREIBE HEUTE AUF, WELCHE VERHALTENSWEISEN DICH ERFOLGREICH MACHEN – UND WELCHE PRIVATEN ODER BERUFLICHEN ERFOLGE DU BISHER VERZEICHNEN KONNTEST. ZU OFT HALTEN WIR UNS NUR DIE SCHWACHEN MOMENTE VOR AUGEN.

Nachdem du das gemacht hast, notiere dir Erfolge, die dir in der Zukunft vorschweben. All jene Erlebnisse, die in dir Spaß, Freude, Stolz und das Gefühl von Liebe auslösen. Das kann das Fahren eines tollen Autos sein, aber auch das Zusammensein mit einem bestimmten Menschen oder ein Konfliktgespräch, das einen guten Ausgang haben soll.

DIESE KLEINE ÜBUNG BRINGT DICH AUCH DER ANTWORT AUF EINE GROSSE FRAGE NÄHER:

Was bedeutet FÜR DICH Erfolg?

DER BEGRIFF „WEISHEIT" STEHT FÜR „AUS ERFAHRUNG GEWONNENE LEHRE" UND „DURCH LEBENSERFAHRUNG GEWONNENE INNERE REIFE".

Wir absolvieren also jeden Tag ein mentales Training, um zu einer (weisen) Persönlichkeit heranzuwachsen. Wir entwickeln unseren Charakter fort, statt ihn einfach als vollendet zu betrachten.

NUTZE DIE WEISHEIT, UM EINEN SEELENZUSTAND AUS INNERER RUHE, GELASSENHEIT UND SELBSTVERTRAUEN ZU ERREICHEN.

Immer dann, wenn der Mensch sich gezielt um sich kümmert, er seine Weisheit und Persönlichkeit wachsen lässt, wenn er lernt, loszulassen, was ihm nicht (mehr) guttut, erst dann ist auch eine andere und gesündere Lebensführung möglich.

Lasse dir von NIEMANDEM einreden, du seist nicht gut genug.

Gib dir nicht die Schuld für eine Ablehnung. Du bist so viel mehr als eine bestimmte berufliche Position oder die Meinung eines anderen Menschen. Selbst wenn eine ganze Gruppe etwas Schlechtes über dich behauptet, ist das kein Grund, ihr Urteil anzunehmen und zu deinem eigenen zu machen!

Vielleicht hast du eine berufliche Position nicht bekommen – mit dem Argument, du seist dafür nicht genug qualifiziert. Oder jemand, in den du verliebt bist, schubst dich weg.

SO ETWAS MAG WEHTUN, DAS IST VERSTÄNDLICH. ABER DU BIST DENNOCH GUT, AUCH WENN DICH JEMAND ABLEHNT.

WAS STEHT zwischen dir und deinem inneren FRIEDEN?

TAG 99

NUTZE DIESEN PLATZ FÜR DICH, um deine Gedanken aufzuschreiben. Um deine Gefühle auszudrücken, die sich heute, in dieser Woche oder in diesem Monat bemerkbar gemacht haben. Oder um sie anhand einer Zeichnung auszudrücken.

....
....
....
....
....
....
....
....

TAG
100

Ein himmlischer Segen

Segne heute, und an allen weiteren Tagen in diesem Monat, still und heimlich all die Menschen, mit denen du in Kontakt kommst. Wünsche ihnen nur das Beste.

BEOBACHTE, WIE DIE MENSCHEN DIR BEGEGNEN, WENN DU INNERLICH DIESE EINSTELLUNG AN DEN TAG LEGST.

DU HAST WAHRSCHEINLICH NOCH EINE WEGSTRECKE BIS ZUM ZIEL VOR DIR,

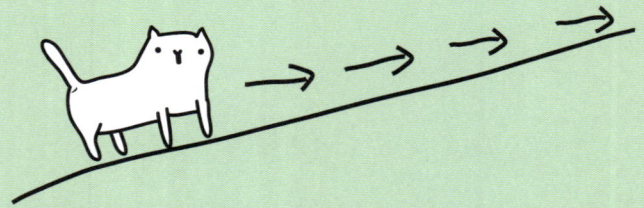

ABER DU BIST GENAU DORT, WO DU DERZEIT SEIN SOLLST.

SEI DAHER STOLZ AUF DICH!

Machst du dich zum OPFER?

Hast du auch diese Wahnsinnsgabe, dass du an Tagen, an denen du nicht so gut drauf bist, genau zu wissen scheinst, was andere Menschen über dich denken? Ein Blick in deine imaginäre Glaskugel genügt? An Tagen, an denen du dich wohlfühlst, ist es dir völlig egal, was andere von dir denken? Machst du dich also oft zum Opfer anderer Menschen?

STELLE DIR HEUTE EINMAL VOR, WAS MIT DIR GESCHIEHT, WENN DU DEINE GLASKUGEL WEGWIRFST UND MAL NICHTS INTERPRETIERST.

Zahlreiche Menschen bilden sich keine eigene Meinung, sondern übernehmen diejenige, die ihnen vorgesetzt wird. Sie überlegen nicht, sondern nehmen vieles als gegeben hin. Aber wirklich zu leben bedeutet, alles immer wieder infrage zu stellen. Wir haben den Kopf nicht nur mitbekommen, damit er gut aussieht, sondern weil darin Gehirn und Verstand stecken. Das sollten wir nutzen.

GLAUBE NICHT ALLES. MACHE NUR DAS, WAS DIR PERSÖNLICH ALS RATSAM ERSCHEINT. STELLE FEST, WAS DIR ZUSAGT UND WAS DICH WEITERBRINGT.

Den Rest lässt du einfach weg.

Wo betrügst du dich?

TAG 105

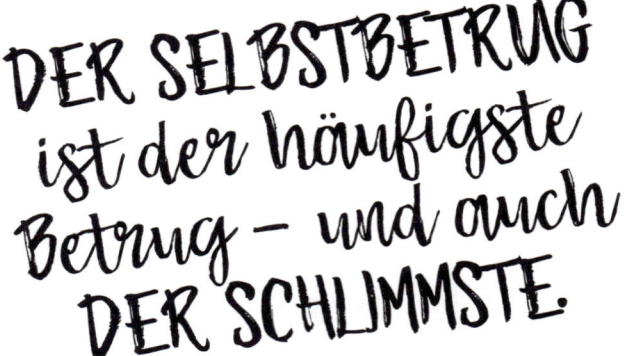

DER SELBSTBETRUG ist der häufigste Betrug – und auch DER SCHLIMMSTE.

Jakob Bosshart

STEHEN

STELLE DICH AUFRECHT HIN, die Füße fest auf dem Boden, die Knie ganz leicht gebeugt. Halte deinen Kopf gerade und stelle dir vor, er sei durch einen durchsichtigen Faden mit der Decke verbunden.

Dann nimm ein paar bewusste und tiefe Atemzüge. Richte deinen Fokus auf deine Beine und deine Füße, fühle dich mit dem Boden, der Erde unter dir fest verwurzelt. **Falls du das Gefühl hast, zu schwanken,** lass dich davon nicht irritieren. Es kann sein, dass du das nur so empfindest, weil du momentan innerlich schwankst und sich das nun in der Meditation zeigt. **Atme** weiterhin bewusst **ein und aus.** Ein und aus. **Spüre,** wie sich **kleine,** aber **starke Wurzeln** von deinen Füßen durch den Boden, durch das gesamte Haus, oder wo du gerade bist, immer tiefer in die Erde hineingraben. Immer stärker und kräftiger. **Fest verbunden** geht auch dein Kopf gerade hoch zur Decke. Du spürst eine starke Verbindung nach oben.

MACHE DIESE MEDITATION 5 BIS 10 MINUTEN LANG.

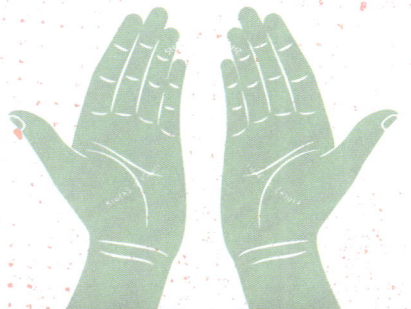

TAG 107

DEIN SELBST BIST DU. DEIN SELBST IST DAS, WAS DICH AUSMACHT.

Ohne Etiketten wie „Besitz", „Job", „gut", „schlecht", „lieb", „böse", „Tochter", „Mutter" und so weiter. Ohne all das, was du dir im Laufe deines bisherigen Lebens erarbeitet und erschaffen hast. Und auch ohne die wichtigen Ziele, die du noch nicht erreicht hast. Wurmt es dich, dass du bestimmte Dinge noch nicht geschafft hast? Auch das ist ein Etikett, mit dem du freiwillig herumläufst.

Dein Selbst ist all das aber nicht. Dein Selbst bist du. Je mehr du dir dessen bewusst wirst – durch einfache Achtsamkeit oder Meditation – desto mehr erkennst du, dass du niemals wirklich allein oder einsam sein kannst.

DANN BRAUCHST DU KEINE ANDERE PERSON, UM DICH SELBST ZU LIEBEN. DANN BRAUCHST DU NIEMANDEN, UM DU SELBST ZU SEIN.

Deine seelischen MOSAIKSTEINE

Es gibt sicher Teile in deiner Seele – winzige Mosaiksteine oder dicke Brocken –, die du dir näher anschauen und verstehen möchtest. Je besser du dich verstehst, desto besser kannst du auch die Welt und ihre Milliarden Mitbewohner verstehen. Das gelingt dir wahrscheinlich nicht bei jedem, aber die Chance ist groß, dass es immer mehr werden.

UND IST DAS NICHT DER SINN UND WUNSCH DER SEELE, WESWEGEN SIE AUF DIESE ERDE KOMMT: DAMIT DU UND ICH UNS (BESSER) VERSTEHEN.

DESHALB MEINE FRAGE AN DICH: WELCHE SEELEN-MOSAIKSTEINE MÖCHTEST DU DIR NÄHER ANSCHAUEN? WO MÖCHTEST DU DICH WEITERENTWICKELN?

TAG 109

ICH BIN
der PRODUZENT,
der AUTOR,
der DIREKTOR,
der SCHAUSPIELER
MEINES
LEBENSSKRIPTS.

MIT EINEM WACHSENDEN BEWUSSTSEIN FÜR DICH SELBST KANNST DU ERKENNEN, DASS ALLES EINE FRAGE DEINES BLICKWINKELS IST.

Aus diesem heraus entstehen Bewertungen.
Und die kannst du ändern, wenn du deinen Blickwinkel änderst.
Du entscheidest, wie viel Bedeutung du dem Verhalten anderer Menschen verleihen willst.

DU ENTSCHEIDEST, wie du die Welt siehst.

NUTZE DIESEN PLATZ FÜR DICH, um deine Gedanken aufzuschreiben. Um deine Gefühle auszudrücken, die sich heute, in dieser Woche oder in diesem Monat bemerkbar gemacht haben. Oder um sie anhand einer Zeichnung auszudrücken.

TAG 112

Entlarve dein UNSCHEINBARES Glück

Schreibe ab heute einen Monat lang jeden Abend auf, was den Tag für dich persönlich zu einem guten Tag gemacht hat. Es geht nicht nur um große Glücksmomente oder Dinge, für die du sofort dankbar bist. Vielleicht sind auch mal schwierige Situationen dabei, die aber für dich wichtig sind, damit zum Beispiel etwas Neues und Gutes entstehen kann.

WENN MAN ES SO BETRACHTET, PASSIERT UNS VIEL MEHR GUTES, ALS WIR NORMALERWEISE WAHRNEHMEN.

> Es ist ein GESETZ IM LEBEN: Wenn sich eine Tür schließt, ÖFFNET sich dafür eine ANDERE.
>
> André Gide

ES GIBT SITUATIONEN UND MENSCHEN, DIE DIR EIN GEFÜHL DES GLÜCKS SCHENKEN.

Also meinst du, dass du sie immer brauchst, um happy zu sein. Aber das ist eine Illusion, denn das Glücksgefühl liegt in dir – nicht irgendwo draußen.

Du meinst nur, dass du XY brauchst, um glücklich zu sein. Das hat zur Folge, dass du, wenn XY nicht mehr da ist, unglücklich bist und denkst, nie mehr happy sein zu können. Aber auch das stimmt nicht. Du kannst hier und jetzt sofort glücklich sein, wenn du es willst. Denn du hast es in der Hand!

Was allerdings nicht wiederkommt, ist die Situation, die du einst mit XY erlebt hast. Sie ist unwiederbringlich vorbei. Doch die Erinnerung daran trägst du in dir.

DU KANNST SIE JEDERZEIT AUFLEBEN LASSEN UND DICH SOMIT GLÜCKLICH FÜHLEN. AUCH OHNE XY.

WAS entzieht dir Energie?

TAG 116

VIEL ZU OFT HOFFEN WIR DARAUF, DASS EIN ANDERER MENSCH UNS AUF IRGENDEINE WEISE GLÜCKLICH MACHT.

Dabei sollten wir uns selbst um die Erfüllung unserer Wünsche, Hoffnungen und Träume kümmern und andere aus ihrer Verpflichtung entlassen. Sie sind nicht dafür zuständig, dass wir bekommen, was wir wollen.

OFT VERSUCHEN WIR, VON ANDEREN DAS ZU BEKOMMEN, WAS UNS HÖCHSTWAHRSCHEINLICH IN DER KINDHEIT VERWEHRT GEBLIEBEN IST.

WIR DÜRFEN LERNEN, ZWISCHEN EINEM BEDÜRFNIS UND EINER NOCH UNGESTILLTEN SEHNSUCHT ZU UNTERSCHEIDEN.

PROJEKTION ist das Verfolgen eigener Wünsche in anderen.

Sigmund Freud

TAG 118

WIR PLAPPERN VIELES EINFACH NUR NACH, weil wir denken, dass es richtig ist. Wir meinen, dass es stimmt, weil irgendeine „wichtige" Person es so sagt. Dabei fühlen und spüren wir gar nicht nach, ob es stimmig ist. Ob es in uns auf Resonanz stößt. Und selbst wenn es auf Resonanz stößt, bedeutet es noch lange nicht, dass diese Information auch stimmt.

WIR HABEN LÄNGST VERGESSEN, ZU ÜBERPRÜFEN, OB ALLES, WAS WIR MAL VOR JAHREN ODER JAHRZEHNTEN AUFGENOMMEN HABEN, NOCH GENAUSO GÜLTIG IST.

NUR WEIL ES FRÜHER MAL PASSTE, MUSS DAS HEUTE NICHT MEHR SO SEIN.

DIE WELT WANDELT SICH, WEIL DER MENSCH SICH WANDELT.

**EINE DER DREI GROSSEN MENSCHHEITSFRAGEN LAUTET:
WER BIN ICH?**

Bist du auch auf der Suche nach der Antwort?
Sie liegt in der Begegnung mit dir selbst. Lege Etiketten und Labels ab, die dir im Laufe des Lebens angeheftet wurden.
Mache dich frei von der Meinung anderer. Bist du in ihren Augen gut (genug)? Völlig egal.

DENN DIE RELEVANTE FRAGE IST:

Wer bist du – IN DEINEN AUGEN?

NUTZE DIESEN PLATZ FÜR DICH, um deine Gedanken aufzuschreiben. Um deine Gefühle auszudrücken, die sich heute, in dieser Woche oder in diesem Monat bemerkbar gemacht haben. Oder um sie anhand einer Zeichnung auszudrücken.

....
....
....
....
....
....
....
....
....

TAG 122

NIEMAND KANN seine restliche Lebenszeit genau VORAUSSAGEN.

UMSO WICHTIGER IST ES, SICH KLAR ZU MACHEN, WAS MAN MIT UND IN DIESEM LEBEN NOCH ALLES ANFANGEN WILL.

Unser Körper ist ein Gefäß, mit dem wir uns durch den Alltag bewegen, jeder auf seine eigene Art und Weise.
In jungen Jahren wird unser Gefäß geformt. Manchmal legen wir dabei mehr Wert auf die äußere Erscheinung – ohne zu beachten, mit was wir es füllen.

MIT FORTSCHREITENDEM ALTER GEHT ES DANN MEHR UND MEHR UM DAS EIGENTLICH WICHTIGE: DEN INHALT.

TAG 123

Achtsamkeit

SETZE ODER LEGE DICH HIN. Wenn du sitzt, stelle bitte beide Füße auf den Boden. Mache es dir so bequem, dass du dich die nächsten 5 Minuten ganz entspannt in das Hier und Jetzt begeben kannst.

Nun spüre einmal, wie dein Körper mit der Fläche des Sitzes oder des Bodens Kontakt hat. Wie fühlt sich das an? Leicht oder weniger leicht? Nimm alles wahr, ohne es zu beurteilen. Es geht hier nur darum, etwas wahrzunehmen, ohne etwas verändern zu wollen. Beobachte auch deinen Atem, beobachte, wie er ein- und wieder ausströmt, ohne ihn bewusst verändern zu wollen.

Solltest du bemerken, dass du gedanklich abgelenkt bist, so kehre immer wieder zu deiner Nase zurück, denn dort strömt dein Atem ein und aus. Deine Nase ist dein persönlicher Achtsamkeitsanker.

DU ATMEST EIN UND AUS, EIN UND AUS. RUHIG, ENTSPANNT UND ACHTSAM.

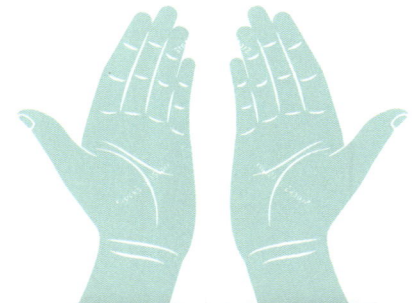

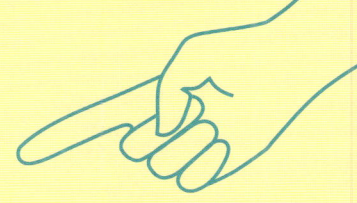

Wie positiv sind deine Selbstgespräche?

Wir alle führen täglich Selbstgespräche. Die Gedanken und Gefühle, die dabei freigesetzt werden, haben einen sehr großen Einfluss darauf, wie wir unser Leben gestalten.

Es ist natürlich ein Unterschied, ob du in einer liebevollen, dich positiv unterstützenden Art und Weise mit dir sprichst oder in einer hasserfüllten.

Achte heute darauf, wie du mit dir selbst sprichst. Schaue am Abend auf den Tag zurück und schreibe auf, wie du in welchen Situationen mit dir umgegangen bist.

LEGE FEST, WELCHE SELBSTGESPRÄCHE DU AB JETZT ANDERS GESTALTEN WILLST.

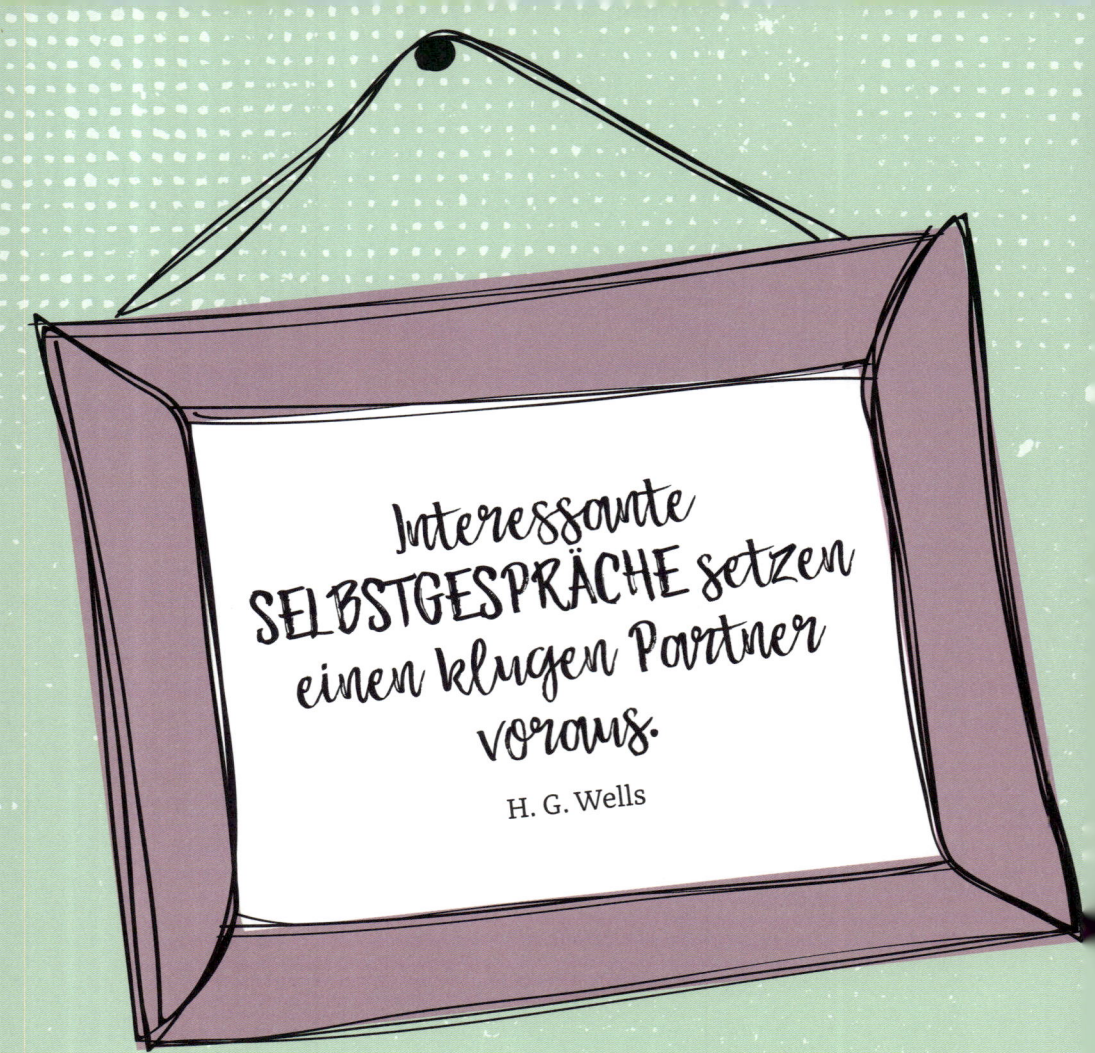

Wir schauen alle durch unsere ganz EIGENE BRILLE auf die Welt.

Deren Gläser werden durch unsere Erziehung, Erfahrungen und unsere persönliche Weltanschauung getönt.

Wie sieht deine Brille aus? Bist du bereit, sie immer mal wieder abzusetzen? Um die Brillen anderer Menschen anzuprobieren und dadurch die Welt um dich herum zu betrachten?
Du würdest alles aus einem anderen Blickwinkel sehen.

WAS MEINST DU, WAS DU DADURCH ANDERS WAHRNEHMEN ODER VERSTEHEN WÜRDEST?

Wohin gehe ich?

DAS IST EINE DER GROSSEN FRAGEN IN UNSEREM LEBEN.

Dabei geht es um deine Bestimmung, um deine Erfüllung, deinen Lebenssinn. Denn der Sinn, den du deinem Leben bisher gegeben hast, hat dich dahin geführt, wo du derzeit stehst.

ICH FRAGE DICH NUN: WOHIN GEHST DU NOCH?

**IMMER DANN,
WENN DU DIE VERANTWORTUNG FÜR DEIN LEBEN
AN ANDERE ABGIBST**

(zum Beispiel an deine Freunde, deinen Partner, deinen Chef), erhoffst du dir, dass diese deine Lebensfragen beantworten.

Das kannst du natürlich gerne tun, aber mache dir bewusst, dass du die Welt dann nur aus ihrem Blickwinkel heraus betrachtest.

Das kann gut gehen, aber auch VÖLLIG DANEBEN.

Male deine LEBENSTORTE

SCHREIBE ALLE BEREICHE AUF, DIE DIR IN DEINEM LEBEN WICHTIG SIND.

Zum Beispiel Familie, Freunde, Gesundheit, Beruf, Zeit für dich selbst, **Kunst und Kultur, Bildung, Spiritualität und Religion, Sport ...**

Male nun einen großen Kreis auf ein Blatt Papier. Unterteile den Kreis wie eine Torte in Stücke – so viele wie Lebensbereiche, die dir wichtig sind. Schreibe auf jedes der Tortenstücke, wofür es steht. Welcher dieser Bereiche nimmt momentan mehr Platz ein als andere, weil er von dir bisher (zu) viel Aufmerksamkeit bekommen hat?

DIESE TORTENSTÜCKE ZEICHNEST DU BITTE DICKER EIN, DENN SO SIEHST DU, WELCHE ANDEREN BEREICHE DU VERNACHLÄSSIGT HAST.

Jeder von uns lügt MEHRMALS am Tag.

Natürlich nicht immer vorsätzlich. Oft lügen wir aus Höflichkeit, Bescheidenheit, oder um besser dazustehen. Der Hauptgrund für eine Lüge aber ist die Angst. Wir lügen, wenn wir uns unsicher fühlen. Wir schwindeln nicht nur andere Menschen an, sondern auch uns selbst.

JE MEHR WIR WISSEN, WER WIR SIND, WER WIR SEIN WOLLEN (und die meisten Menschen wollen wahrscheinlich ehrlich und aufrichtig sein), wie wir leben wollen und wohin uns der weitere Weg führen soll, desto weniger haben wir es nötig, uns selbst – und damit auch unsere Mitmenschen – zu betrügen und zu belügen.

NUTZE DIESEN PLATZ FÜR DICH, um deine Gedanken aufzuschreiben. Um deine Gefühle auszudrücken, die sich heute, in dieser Woche oder in diesem Monat bemerkbar gemacht haben. Oder um sie anhand einer Zeichnung auszudrücken.

....
....
....
....
....
....
....
....

BILD BETRACHTEN

IN DER HEUTIGEN MEDITATION GEHT ES DARUM, dass du in ein Museum gehst, dich für 20 bis 30 Minuten vor ein Bild setzt und es betrachtest. Egal, wie viele andere Personen deinen Weg kreuzen werden:

DU BLEIBST IN DIESER BETRACHTENDEN, MEDITATIVEN POSITION UND SCHAUST DIR DAS BILD AN.

NIMM ALLES WAHR, WAS DU SIEHST, UND MACHE DIR BEWUSST, WIE VIEL MEHR DU DURCH DIESES MEDITATIVE BETRACHTEN SIEHST, FÜHLST UND AUCH HÖRST.

Was ist Spiritualität?

Nichts anderes als das Leben selbst. Es ist deine Intuition, deine innere Stimme. Deine Seele weiß, warum sie hier ist. Dies (wieder) zu erkennen und deinem Seelenweg zu folgen, ist deine wesentliche Lebensaufgabe. Der Plan deiner Seele ist es, dein Wesen in seiner wunderbaren Art und Weise zu zeigen. Spiritualität kann deine Selbstverantwortung, deine bedingungslose Selbstliebe und dein Selbstbewusstsein fördern.

Spiritualität bedeutet, herauszufinden, was du willst. Wer du bist. Wer du noch sein möchtest. Es bedeutet, dich in diesem Leben so gut es geht kennenzulernen und zu verstehen. Festzustellen, wo du derzeit stehst und ob du der Mensch bist, der du sein willst. Wie du weiterleben möchtest.

SPIRITUALITÄT BEDEUTET, DEIN EIGENES LEBEN ZU FÜHREN UND KEIN FREMDES.

WELCHE DINGE auf deinen Selbstwert keinen Einfluss haben sollten:

- Deine finanzielle Lage
- Dein Beziehungsstatus
- Deine Herkunft
- Deine Misserfolge
- Dein Schulabschluss
- Dein Gewicht
- Deine bisherigen Fehler
- Dein Aussehen

ES IST NICHT NUR WICHTIG, DASS DU DICH FRAGST, WOHIN DU IM LEBEN GEHEN WILLST – SONDERN AUCH MIT WEM.

Mit welchen Menschen bist du deinen bisherigen Weg gegangen?
War das gut so – oder vielleicht auch nicht?

Und mit welchen möchtest du ihn noch beschreiten?

Was könnte sich DADURCH ändern?

LEIDER SIND IN UNSERER GESELLSCHAFT VIELE DER MEINUNG, dass es sich nicht gehört, sein Glück zu zeigen, weil jemand anderes sonst neidisch sein oder sich schlecht fühlen könnte. Kannst du es leiden, wenn jemand anderes sein Glück öffentlich präsentiert?

Wir teilen es viel zu selten mit, wenn wir glücklich sind. Aber was ist das für eine Gesellschaft, die Glück versteckt, statt dieses Gefühl zu potenzieren? Lasst uns doch jedem Menschen so viel Glück gönnen und wünschen, wie dieser haben möchte.

UND HOFFEN, DASS ER ES UNS AUCH ZEIGT, WENN WIR IHN TREFFEN. DAMIT WIR UNS DANN GEMEINSAM DARAN ERFREUEN KÖNNEN!

> Man muss sein GLÜCK TEILEN, um es zu multiplizieren.
>
> Marie von Ebner-Eschenbach

HALLO FREMDER!

Verwickle heute mindestens eine fremde Person für 10 Minuten in ein Gespräch.

Was kannst du für dich aus diesem Gespräch WERTVOLLES mitnehmen?

TAG 141

WELCHE DEINER FRAGEN finden keine Antworten?

TAG 142

MACHE DIR HEUTE WIEDER BEWUSST
(das gilt natürlich auch für jeden anderen Tag),
dass du die Chefin beziehungsweise der Chef in deinem Leben bist.

Du bestimmst, wie du dich fühlen und wie du denken möchtest.

Richte deine Energie dahin, wo du hinwillst, und darauf, womit du dich gut fühlst – immer wieder aufs Neue.

DENN DU KANNST WÄHLEN, WIE ES DIR GEHEN SOLL.

NUTZE DIESEN PLATZ FÜR DICH, um deine Gedanken aufzuschreiben. Um deine Gefühle auszudrücken, die sich heute, in dieser Woche oder in diesem Monat bemerkbar gemacht haben. Oder um sie anhand einer Zeichnung auszudrücken.

....

....

....

....

....

....

....

....

TAG 145

EINE DEPRESSION KANN DIR BEWUSST MACHEN, DASS DU ERSCHÖPFT BIST VOM STÄNDIGEN WUNSCH NACH ANERKENNUNG, NACH AUFMERKSAMKEIT.

Du bist schon längere Zeit (lebens-)müde? Vielleicht will dir deine Seele so zeigen, dass der Weg, den du gehst, nicht mehr der richtige ist. Hast du schon mal eine depressive Episode erlebt, in der dir dein Körper anhand diverser Symptome gezeigt hat, dass du bestimmte Rollen nicht mehr spielen solltest?

ERKENNE DURCH EINE DEPRESSIVE EPISODE, DASS DIE ROLLE, IN DIE DU SCHON ZU LANGE GESCHLÜPFT BIST, NICHT ZU DIR PASST. DASS DU SIE ABLEGEN MUSST, SO WIE DU EINE MASKE VOM GESICHT NIMMST.

Wie viel SELBSTVERTRAUEN hast du?

Welche Zahl würdest du nennen, wenn du es in Prozenten ausdrücken solltest? Meinst du, es gibt jemanden, der sich immer alles zu 100 Prozent zutraut? Ich glaube das nicht.

Ist es überhaupt erstrebenswert, immer die 100 Prozent zu erreichen? Oder ist das Erstrebenswerte nicht der Weg dorthin?

JE EHRLICHER DU MIT DIR SELBST BIST, DESTO BESSER KANNST DU DIE DINGE ANGEHEN. DAS FÖRDERT DANN AUCH DEIN VERTRAUEN IN DICH SELBST.

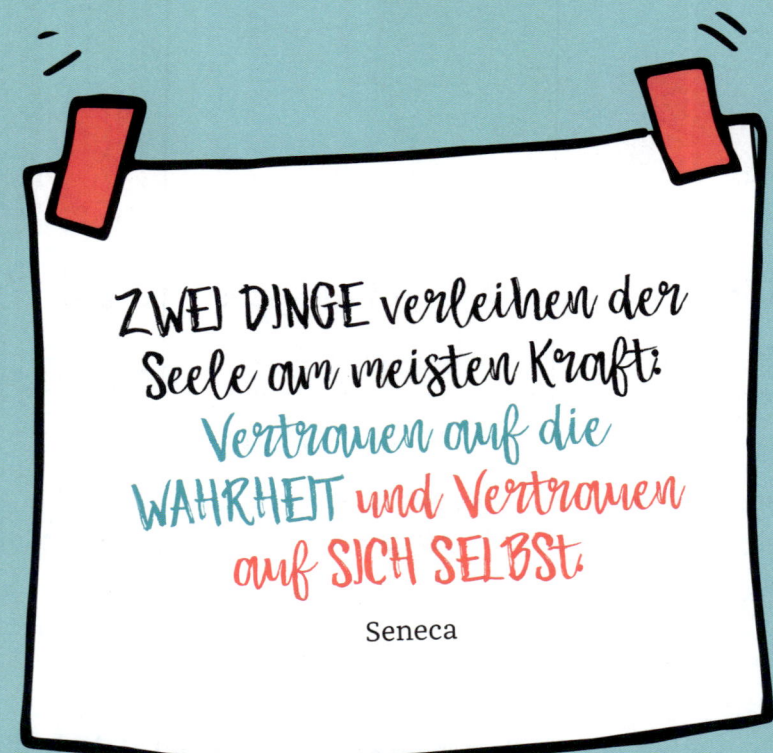

**EIN GLÜCKSMOMENT KANN NIE LANGE BLEIBEN,
ER IST OFTMALS SOGAR NUR FLÜCHTIG WAHRNEHMBAR.
ABER DIE ERINNERUNG DARAN BLEIBT FÜR IMMER.**

Die Erinnerung ist der einzige Ort, von dem wir nicht vertrieben werden können. Es ist der Ort, an dem sich auch Menschen mit Demenz noch aufhalten. Es ist aber auch der Ort, vor dem viele Menschen flüchten, die bestimmte Erinnerungen am liebsten vergessen würden.

Da wir nicht kontrollieren können, was uns alles geschieht, ist es umso wichtiger, die schönen, liebevollen und glückseligen Momente zu sammeln, damit wir uns für immer an sie erinnern können.

TAG
149

WELCHE GLÜCKSMOMENTE möchtest du heute als Erinnerung in **DEIN HERZ** gelegt bekommen?

TAG 150

Essen

MACHE HEUTE JEDE MAHLZEIT, DIE DU ZU DIR NIMMST, ZU EINER MEDITATION.

Lasse dich von nichts ablenken, von keinem Gespräch, keinem Radio oder TV, keinem PC, Handy oder anderem. Kaue doppelt so langsam wie sonst und lege nach jedem Bissen das Besteck weg oder lege das Essen aus den Händen.

Wende dich dem Geschmack der Mahlzeit bewusst zu. Nimm die Vielfalt des Geschmacks mit all seinen Feinheiten in deinem Mund wahr.

Um dich noch besser konzentrieren zu können, kannst du währenddessen deine Augen geschlossen halten.

LASSE DIR MINDESTENS 20 MINUTEN ZEIT FÜR DEINE MAHLZEIT.

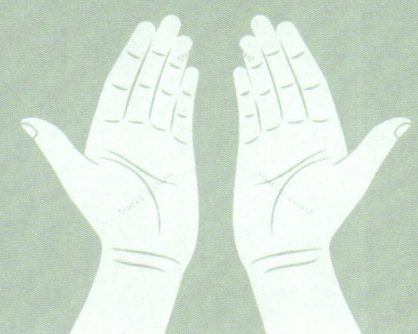

NUTZE DIESEN PLATZ FÜR DICH, um deine Gedanken aufzuschreiben. Um deine Gefühle auszudrücken, die sich heute, in dieser Woche oder in diesem Monat bemerkbar gemacht haben. Oder um sie anhand einer Zeichnung auszudrücken.

....
....
....
....
....
....
....
....

TAG 152

Sterben tun wir NUR EINMAL.

Aber leben werden wir bis dahin jeden Tag.

WIR ENTSCHEIDEN, WIE WIR DIESE TAGE ER-LEBEN WOLLEN!

TAG 153

Starte ein positives Ritual

Rituale stärken von innen heraus, denn sie beeinflussen unser Unterbewusstsein positiv. Morgens gehören feste Angewohnheiten für viele Menschen bereits längst dazu: Vielleicht machst du Frühsport oder isst ein Müsli, um deinen Körper auf Trab zu bringen?

EIN RITUAL SOLLTE NICHT DAS ZIEL HABEN, IRGENDETWAS ZU ERZWINGEN. DENN DANN VERLIEREN AUCH NOCH SO ENTSPANNENDE RITUALE IHRE WIRKUNG.

WELCHES RITUAL PFLEGST DU? FALLS DU NOCH KEINES HAST, ÜBERLEGE DOCH EINMAL, OB DU NICHT HEUTE GERNE MIT EINEM STARTEN WÜRDEST.

TAG 154

MANCHMAL IST ES SCHWIERIG, daran zu glauben, dass sich die guten Situationen, Ereignisse oder Begegnungen im Leben zeigen werden. Obwohl sie es längst tun: täglich, stündlich, minütlich, sekündlich, jetzt in diesem Moment.

Aber je nachdem, in welcher körperlichen oder seelischen Verfassung wir uns befinden, ist das schwer wahrzunehmen. Und auch wenn es wahrgenommen wird, heißt das noch lange nicht, dass es angenommen und verinnerlicht wird.

ES IST NICHT SO, DASS NICHTS GUTES PASSIERT. VIELLEICHT ERKENNST DU ES MOMENTAN NUR NICHT ODER BIST NICHT DAFÜR EMPFÄNGLICH. LÄSST SICH DAS ÄNDERN?

Der MUT-BUMMEL

**AUCH, WENN ES DICH VIEL ÜBERWINDUNG KOSTEN SOLLTE:
GEHE LAUT SINGEND DURCH DIE FUSSGÄNGERZONE IN DEINER STADT.**

Wie fühlst du dich dabei? Gucken gar nicht so viele Leute, wie du befürchtet hast? Ist es so schlimm, wie du es dir vorgestellt hast? Oder vielleicht gar nicht? Macht es vielleicht sogar Spaß?

**MERKE DIR:
DIE MEISTEN GRENZEN IM KOPF BAUEN WIR UNS SELBST.**

Eine klitzekleine Erinnerung an dich:

- Du bist schön.
- Du wirst geliebt.
- Du wirst gebraucht.
- Du lebst für und aus einem Grund.
- Du bist stärker, als du denkst.
- Du schaffst das.
- Gib nicht auf. (Hattest du das je wirklich vor?)

ICH BIN FROH, DASS ES DICH GIBT. ICH GLAUBE AN DICH!
JETZT MUSST DU DAS NUR AUCH NOCH TUN.

Für welche Veränderung bist du heute bereit?

Es muss keine sein, die du jetzt sofort umsetzt.

ES REICHT FÜR DEN ANFANG SCHON EINMAL, DASS DU DICH GEDANKLICH UND GEFÜHLSMÄSSIG DAMIT ANFREUNDEST.

MACHE DIR BEWUSST, DASS DU FREI BIST. Freiheit bedeutet nicht, alles zu tun, was du tun möchtest. Freiheit ist, alles zu denken und zu fühlen, was du möchtest.

Deine Freiheit liegt darin, deine Gedanken und Gefühle in alle Richtungen – Höhen, Tiefen, Weiten und Breiten – auszudehnen. Du bist grenzenlos in deinem Sein. Das hat dann auch zwangsläufig Einfluss auf dein Verhalten. Je nachdem, wie du diese Freiheit für dich nutzt.

DAS LEBEN IST WIE EIN OFFENER VOGELKÄFIG. DU ENTSCHEIDEST, OB DU IHN VERLASSEN MÖCHTEST ODER NICHT.

Es ist NIEMANDES JOB, dich zu lieben. Es ist nur DEIN JOB, dich selbst zu lieben. SCHAUE DICH also voller Liebe an und genieße diesen Augenblick.

WAS GÄBEN VIELE MENSCHEN FÜR EIN PERFEKTES LEBEN mit einer perfekten Beziehung, dem perfekten Kontostand, perfekten Freundschaften, dem perfekten Job ... Gähn!

Manchmal versuche ich mir das bildlich vorzustellen und das einzige Gefühl, das ich dann in mir spüre, ist Langeweile. Ich sehe eine Kulisse wie in einem Hollywoodstreifen. Eine Scheinwelt, alles andere als echt und wundervoll.

ICH DENKE, ES IST WICHTIG, DAS WUNDERVOLLE ZU ERKENNEN – AUCH, WENN DIE ÄUSSEREN UMSTÄNDE NICHT PERFEKT SIND.

VOR ALLEM, DA „PERFEKT-SEIN" EINE ABSOLUT SUBJEKTIVE WAHRNEHMUNG IST.

DAS LEBEN muss nicht perfekt sein, um WUNDERVOLL zu sein.

TAG 164

NUTZE DIESEN PLATZ FÜR DICH, um deine Gedanken aufzuschreiben. Um deine Gefühle auszudrücken, die sich heute, in dieser Woche oder in diesem Monat bemerkbar gemacht haben. Oder um sie anhand einer Zeichnung auszudrücken.

....
....
....
....
....
....
....
....
....

TAG 165

DU BIST
dein eigener
Wunsch-Erfüller!

WAS PROJIZIERST DU NOCH
(un)bewusst in eine Person oder Situation hinein, damit deine Wünsche und Sehnsüchte endlich erfüllt werden?

WAS WÜRDE ES WOHL BEDEUTEN, wenn wir uns heute alle in unserem Körper wohlfühlen würden? Eine britische Autorin bezog diese Frage mal auf alle Frauen und meinte, dass die Weltwirtschaft dann über Nacht zusammenbrechen würde.

Aber was würde es für uns alle bedeuten – Kinder, Jugendliche, Frauen und Männer –, wenn wir uns nur einen Tag lang in unserem Körper wohlfühlen würden?

WENN WIR UNS 24 STUNDEN AM STÜCK MIT EINEM LIEBEVOLLEN BLICK IM SPIEGEL BETRACHTEN WÜRDEN? HÄTTE DAS EINE POSITIVE AUSWIRKUNG AUF UNSER LEBEN? AUF UNSER MITEINANDER? AUF UNSERE UMWELT? AUF UNSERE NATUR?

ICH FÜHLE MICH IN MEINEM KÖRPER WOHL.

TAG 168

JA

DIESE MEDITATION KANNST DU JEDERZEIT UND ÜBERALL DURCHFÜHREN.

Atme dafür tief ein und tief aus. Höre auf den Schlag deines Herzens. Schau, was jetzt gerade ist, und sag dann ganz einfach und ruhig: „Ja."

Nicht mehr und nicht weniger.

Dieses Ja bleibt bei dir, es geht nicht fort, du kostest mit diesem bewussten Ja den gegenwärtigen Augenblick voll aus. In jedem Ja, das du sagst, wohnt ein Augenblick Ewigkeit.

BEJAHE DEN AUGENBLICK, DIE SITUATION. BEJAHE DICH.

Mache diese MEDITATION so lange, wie DU das möchtest.

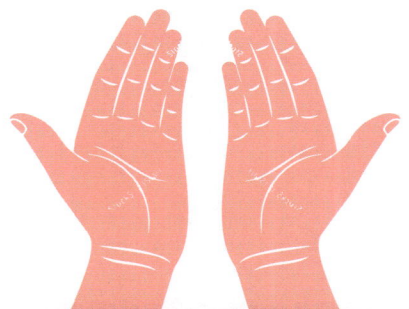

DU BIST IMMER NUR EINE ENTSCHEIDUNG DAVON ENTFERNT, EIN VÖLLIG ANDERES LEBEN ZU LEBEN.

Oft muss es auch gar kein völlig anderes Leben sein, sondern nur etwas anders, besser, schöner oder gesünder als zuvor.

Solltest du nun sagen „Ich treffe lieber keine Entscheidung", dann mache dir bewusst, dass das auch eine Entscheidung ist.

ABER DIE BRINGT DICH NICHT NÄHER ANS BESSERE, GESÜNDERE UND SCHÖNERE LEBEN HERAN.

EINLADUNG
mit Überraschungseffekt

LADE DREI BIS FÜNF PERSONEN AUS DEINEM BEKANNTENKREIS EIN, die sich nach Möglichkeit alle nicht kennen – auf ein Essen bei dir zu Hause oder auf ein Getränk in einer Bar. Die Gespräche bei diesem Treffen dürfen nur privater Natur sein. Sobald sie sich um den Beruf drehen, lenkst du sie charmant auf die private Ebene zurück.

ERLEBE, WAS SICH DARAUS ALLES SPANNENDES ERGEBEN KANN.

BIS ZU 70 000 GEDANKEN AM TAG produziert unser Verstand. Es heißt, dass 90 Prozent davon reine Wiederholung sind. Und die 10 Prozent, die heute neu dazukommen, sind morgen auch schon wieder alt.

Unser Verstand produziert einen ewigen Strom. Es wird uns nicht gelingen, diese Menge an Gedanken zu kontrollieren. Es kann uns nur gelingen, sie in eine bestimmte **Richtung** zu lenken: eine **gute, liebevolle** und **friedliche.**

DABEI HILFT DIE MEDITATION SEHR GUT. SIE UNTERSTÜTZT UNS DABEI, NICHT AUF JEDEN GEDANKENZUG AUFZUSPRINGEN, DER VORBEIKOMMT.
PROBIERE ES DOCH MAL AUS!

TAG 173

NUTZE DIESEN PLATZ FÜR DICH, um deine Gedanken aufzuschreiben. Um deine Gefühle auszudrücken, die sich heute, in dieser Woche oder in diesem Monat bemerkbar gemacht haben. Oder um sie anhand einer Zeichnung auszudrücken.

Traust du dich nicht, einzigartig zu sein? Den Unterschied zu leben?

HAST DU ANSONSTEN DAS GEFÜHL, NICHT DAZUZUGEHÖREN? ZUM BEISPIEL, WEIL DU EINE ANDERE MEINUNG HAST?

Dabei ist genau das wichtig: Denn in der Individualität liegt deine Kraft! Sie ist deine Stärke und hebt dich aus dem Strom der Gleichförmigkeit hervor.

Denk heute also mit Freude daran, worin du dich von anderen unterscheidest. Du und ich, wir stammen aus einer gemeinsamen Quelle und werden eines Tages dorthin zurückkehren. Wir waren und sind also niemals getrennt. Aber in der Zwischenzeit darfst du dich in deiner Individualität von meiner unterscheiden.

DENN DANN BIST DU AUCH WIRKLICH DU.

Was war in deinem Leben bisher SINNVOLL, also voller Sinn?

UND WAS EMPFINDEST DU IN DEINEM LEBEN ALS SINNLOS?

Handelt es sich dabei um wiederkehrende Gedanken und Gefühle, die dich nicht weitergebracht haben? Waren es Streitereien mit einer anderen Person? Hast du dich falsch verhalten?

KANNST DU DEN TOD als einen weiteren LEBENSZYKLUS annehmen?

TAG 177

WENN DU EINEN VERSTORBENEN MENSCHEN LOSLÄSST, heißt das nicht, dass du nicht trauern sollst. Es bedeutet nicht, dass du Schmerz und Leid wegdrücken sollst.

Es bedeutet, den Schmerz nicht so auszudehnen, dass er zur Lebensgrundlage wird. Es bedeutet, nicht weiter am Leid festzuhalten. Die Toten möchten nicht, dass wir ihretwegen leiden.

DER TOD GEHÖRT ZUM LEBEN DAZU, ob es uns passt oder nicht. Solange wir das nicht akzeptieren und uns dagegen wehren, verlängern wir unser Leiden. Zu einem **„vollkommenen" Leben** – so kurz es manchmal auch sein mag – gehören **Anfang** und **Ende. Geburt** und **Tod.**

Atembeobachtung

NIMM EINE AUFRECHTE SITZPOSITION EIN, in der du die nächsten 5 bis 10 Minuten meditieren kannst. Schließe deine Augen und spüre den ruhigen, stetigen Atemfluss in dir. Sage innerlich zu dir selbst: „Ich freue mich, jetzt zu meditieren."

Beobachte, wie dein Atem durch deinen Körper strömt. Angefangen bei der Kopfhaut strömt dein Atem bis hinunter zu deinen Füßen. Konzentriere dich auf deinen Bauchraum, spüre, wie sich deine Bauchdecke mit jedem Einatmen anhebt und mit dem Ausatmen wieder abflacht.

Dann wende dich deinem Brustkorb zu. Spüre auch hier, wie sich dein Brustkorb mit jeder Einatmung hebt und mit jeder Ausatmung senkt.

Mache dir bewusst, dass kein Atemzug dem anderen gleicht. Genieße jeden Atemzug, den du tust. Sei dankbar, dass du atmen kannst, denn dein Atem bedeutet dein Leben.

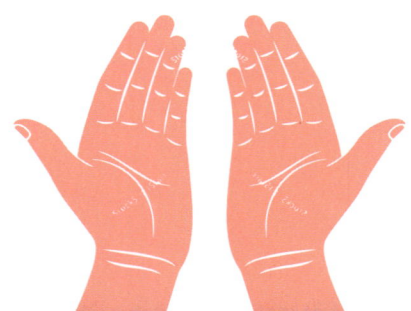

DER GROSSTEIL UNSERER GESELLSCHAFT lebt mit sich selbst im Unfrieden. So viele Menschen sind gesund, haben eine tolle Familie und Freunde, können sich finanziell einiges leisten. Aber all das bringt sie nicht dazu, mit sich im Frieden zu sein.

Denn: Äußerlicher Erfolg ist niemals mit innerem Frieden gleichzusetzen. Aber innerer Frieden sehr wohl mit Erfolg. Völlig unabhängig von der gegenwärtigen beruflichen Situation.

Innerer Frieden **ist der WAHRE ERFOLG.**

Schlussstriche

zieht man nicht mit Bleistift.

Das Leben gibt selten die Antworten, die wir gerne hätten.
Vor allem dann nicht, wenn wir krampfhaft an etwas festhalten.
Vielleicht ist es an der Zeit, die Fragerei sein zu lassen.
Gib dir selbst die Antworten, die du brauchst, um weiterzugehen.

NIMM FÜR DEN HEUTIGEN TAG MIT, WOFÜR DAS WORT MUT STEHT:

M u t = Machen und Tun

Was willst du ab jetzt VOLLER MUT beginnen?

NUTZE DIESEN PLATZ FÜR DICH, um deine Gedanken aufzuschreiben. Um deine Gefühle auszudrücken, die sich heute, in dieser Woche oder in diesem Monat bemerkbar gemacht haben. Oder um sie anhand einer Zeichnung auszudrücken.

....
....
....
....
....
....
....
....
....

TAG 184

IN JEDEM VON UNS STECKT EINE KRAFT, die uns dabei hilft, jedes Problem und jede Herausforderung anzugehen. Diese Kraft begleitet uns. Bis zum Schluss.

Schluss kann bedeuten, dass sich das Problem auflöst, weil du eine Lösung dafür gefunden hast. Schluss kann aber auch bedeuten, dass das Leben zu Ende geht, bevor du das Problem lösen konntest. Nicht immer kann man alle Herausforderungen bewältigen.

GLAUBE TROTZDEM AN EINE LIEBEVOLLE, UNTERSTÜTZENDE KRAFT, DIE IN DIR STECKT UND DICH AUF DEINEM WEG BEGLEITET.

VERTRAUE DARAUF. BIS ZUM ENDE. BIS ZU DEINEM EIGENEN SCHLUSS.

VERTRAUST DU DER KRAFT, die in dir steckt, um allen Herausforderungen bis zum Ende entgegenzutreten?

TAG 186

Dein Brief der Balance

Nimm ein Blatt Papier zur Hand und einen Stift, mit dem du gerne schreibst. Mache es dir gemütlich und schreibe einen Brief an deinen Körper und deine Seele. Er fängt an mit den Worten:

„ICH MÖCHTE MICH BEI EUCH BEDANKEN! DAFÜR, DASS ..."

Du entscheidest, wie offen und ehrlich du sein möchtest. Ob du schreibst, was du versäumt hast. Oder dass es dir leidtut, wie du deinen Körper behandelt hast. Du kannst auch schreiben, was du dir für die Zukunft wünschst.

DURCH DIESE ÜBUNG STELLST DU DIE VERBINDUNG ZWISCHEN KÖRPER, GEIST UND SEELE SCHRIFTLICH HER UND BRINGST DIESE DREI KOMPONENTEN DADURCH WIEDER MEHR IN BALANCE.

BIST DU UNZUFRIEDEN MIT DIR? UNGLÜCKLICH? VOLLER SCHAM? Falls ja: Solange du an diesen Gefühlen festhältst, wirst du sie nicht los.

Sich zu verändern, ist ein Schritt-für-Schritt-Prozess: Du kannst nicht von einem negativen Gefühl zum Gegenteil wechseln.

Es ist der Weg der Selbstliebe und der Zuwendung, der dich Schritt für Schritt zu dir selbst bringt. Von einem Gefühl weg, das du nicht mehr möchtest, nach und nach hin zu dem Gefühl, mit dem du dich und dein Leben lieber beschreiben möchtest.

BEGINNE JETZT, HIER UND HEUTE DIESEN WEG. ES LOHNT SICH. VERSPROCHEN!

HAST DU MANCHMAL DAS GEFÜHL, du kommst in deinem Leben nicht weiter, weil du den Weg vor dir nicht sehen kannst?

Manchmal hüllt sich das Leben eben phasenweise in Nebel. Bleib einfach ruhig und warte ab. Es gab noch keinen Nebel, der sich nicht von selbst wieder aufgelöst hat.

Und meistens ist danach DIE SICHT umso klarer.

DU BRAUCHST NIEMANDEN FÜR DEIN LEBENSGLÜCK.

Natürlich können andere dazu beitragen. Aber es gibt auch viele Momente in deinem Leben, in denen du mit dir alleine und gerade deswegen glücklich bist.

AUCH EIN BESTIMMTER BESITZ IST FÜR DEIN GLÜCK NICHT AUSSCHLAGGEBEND.

Im Gegenteil: Je mehr du anhäufst, desto größer wird deine Angst, du könntest diese Dinge wieder verlieren.

Stecke den
SCHLÜSSEL
zu deinem Glück
NIEMALS
in die Tasche
einer anderen Person.

TAG
192

MACHST DU **DAS BESTE** AUS DEM, WAS DIR MITGEGEBEN WURDE?

TAG 193

OM

ZIEHE DICH AN EINEN GESCHÜTZTEN ORT ZURÜCK, an dem du in den nächsten 5 Minuten ungestört sein wirst. Setze dich auf einen Stuhl oder in den Schneidersitz. Spüre die Verbindung mit der Sitzfläche des Stuhls oder dem Boden. Atme ein und aus, ein und aus.

- Sage dann laut oder leise das Mantra: OM.
- Es wird wie AUM gesprochen, und je länger du es ziehst, kann es auch so klingen: „AAAAAUUUUUUUUMMMMMH".
- Wiederhole diesen Klang immer wieder, so wie es dir guttut und wie du dich damit wohlfühlst.

Die **Silbe OM** steht für das **Universelle,** für das **Ganze.** Es ist der Urklang, der allem vorausgeht. Grob gesagt wird mit dem OM Folgendes ausgedrückt: „Alles, was gewesen ist, was ist und noch sein wird." **Om** steht also gleichzeitig für die **Vergangenheit, Gegenwart** und **Zukunft.**

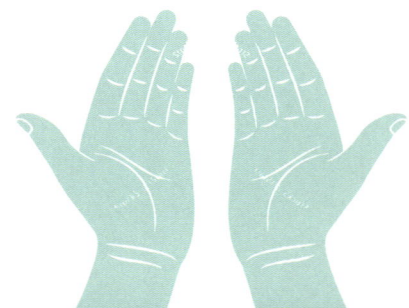

TAG 194

NUTZE DIESEN PLATZ FÜR DICH, um deine Gedanken aufzuschreiben. Um deine Gefühle auszudrücken, die sich heute, in dieser Woche oder in diesem Monat bemerkbar gemacht haben. Oder um sie anhand einer Zeichnung auszudrücken.

TAG 195

IST HEUTE EIN TAG, AN DEM DU DICH SEELISCH NICHT WOHLFÜHLST? AN DEM DU NICHT IN WORTE FASSEN KANNST, WAS DICH STÖRT?

Du bist irgendwie genervt, ungeduldig.
Das geht vielen Menschen so.

Was wichtig ist: Lasse dich von diesen Gedanken und Empfindungen nicht überrollen. Es gibt Tage, an denen es nicht rund läuft. An denen alles anstrengend erscheint. Betrachte diesen Vorgang aufmerksam, ohne dich in diesem Strudel zu verlieren. Denn unser Leben wird durch unseren Geist gestaltet, wie Buddha so schön sagt.

BLEIBT ER STARK, sind wir es auch.

Kennst du deinen Lebenssinn?

Weißt du, weshalb du hier bist? Was deine Lebensaufgabe ist? Ist es die Arbeit? Das tägliche Rackern und Schuften? Ist es die Familie? Ist es deine Aufgabe, dich um sie zu kümmern – mit all den schönen Momenten, aber auch Sorgen?

MACHST DU DIR GEDANKEN, DASS EIN GROSSTEIL DEINES LEBENS SCHON VORBEI IST UND DU NOCH IMMER NICHT WEISST, WARUM DU AUF DER WELT BIST?

SO SEHR DU AUCH SUCHST, DU WIRST IN DIESEM GRENZENLOSEN UNIVERSUM NIEMANDEN FINDEN, DER DEINE LIEBE SO SEHR VERDIENT **WIE DU SELBST.**

TAG 198

UNSERE GEDANKEN LAUFEN NICHT LINEAR, sondern rauf und runter, nach rechts und links. Manchmal auch im Kreis. Je zielgerichteter du bist, je klarer du planst, umso fokussierter bist du auch mit deinen Gedanken. Dein Verstand hat nichts anderes zu tun, als Gedanken zu produzieren, und das kannst du auch nicht beeinflussen. Beeinflussen kannst du aber die Qualität deiner Gedanken.

DAHER IST ES ESSENZIELL, dass du darauf achtest, wie du mit dir selbst sprichst. Denn die Qualität deiner Selbstgespräche bestimmt die Qualität deines Lebensgefühls. Achte außerdem darauf, wie dein näheres Umfeld mit dir spricht. Auch das kann dich dementsprechend positiv oder negativ beeinflussen. Lasse dich niemals von den negativen Gedanken und Gefühlen anderer übermannen.

Bist du bereit dazu, ...
... EINEM MENSCHEN IN DEINEM LEBEN ZU VERGEBEN?

Aber du willst oder kannst kein persönliches Gespräch mit demjenigen führen? Dann schreibe deine Gedanken auf. Du musst diesen Brief nicht abschicken, wenn du das nicht möchtest. Es geht um das Verzeihen an sich.

Schließlich kann es sein, dass du etwas mit jemandem zu klären hast, dessen aktuellen Wohnort du nicht kennst.

Oder es geht um einen Konflikt mit einer inzwischen verstorbenen Person. Auch Tote können in uns wertvolle Energie blockieren, wenn wir nicht dazu bereit sind, ihnen zu verzeihen.

Schreibe, schimpfe, fluche – packe all das in den Brief hinein, was für dich nötig ist, um ein für alle Mal zu vergeben. Danach verbrennst du den Brief. Lasse los und lasse es gut sein. Für dich.

Es gibt WICHTIGERES IM LEBEN, als beständig dessen GESCHWINDIGKEIT zu erhöhen.

Mahatma Gandhi

TAG 201

JE WENIGER WIR WISSEN, wer wir sind und wie wir uns fühlen, desto öfter tragen wir eine Maske. Denn wir wollen verbergen, dass darunter nichts ist.

Daher ist es so wichtig, dass wir uns mit uns selbst beschäftigen. Uns immer mal wieder fragen, wer genau wir sind. Es geht hier nicht um ständige Selbstoptimierung, sondern um Selbstreflexion. Und die ist sehr weise!

Durch zu viel Fokus auf die Arbeit, durch ein Streben nach Perfektion und durch das ständige Gefallen-Wollen verlieren wir den Kontakt zu uns selbst.

LASST UNS ALSO DEN WICHTIGSTEN KONTAKT UNSERES LEBENS WIEDERHERSTELLEN: DEN ZU UNS SELBST.

WO BIST DU BEREITS GELASSEN? Und wo musst du noch gelassener werden, indem du etwa akzeptierst, das du NICHT MEHR ÄNDERN kannst?

TAG 203

NUTZE DIESEN PLATZ FÜR DICH, um deine Gedanken aufzuschreiben. Um deine Gefühle auszudrücken, die sich heute, in dieser Woche oder in diesem Monat bemerkbar gemacht haben. Oder um sie anhand einer Zeichnung auszudrücken.

HEUTE WIE AUCH AN ALLEN ANDEREN TAGEN IST EIN GUTER TAG, um das Leben zu tanzen. So kann auch das Gehirn tanzen und sich besser mit allem verbinden, was ist. Gib dich in deinem inneren Raum der Freude dem hin, was sein möchte.

Mache Musik an, tanze und wirbele herum wie ein Derwisch. In dem tiefen Vertrauen, dass du aufgefangen wirst, solltest du stolpern.

TANZE AUCH OHNE MUSIK WEITER BESCHWINGT DURCH DEN TAG. DIE GÖTTLICHE ENERGIE, DIE DURCH DICH HINDURCHSTRÖMT, WIRD DIE WELT ERFREUEN.

Entscheidung

Für diese Meditation suche dir wieder einen Ort, an dem du dich wohlfühlst und an dem du in den nächsten 5 bis 10 Minuten deine Ruhe haben wirst.

Setze dich aufrecht hin und schließe deine Augen. Lasse deinen Atem durch dich hindurchströmen, nimm ihn wahr, mache dir seine kraftvolle Energie bewusst, die er dir gibt.

Dann sage zu dir selbst laut oder leise den Satz: „Ich entscheide mich in diesem Moment für die Energie der …"

Vervollständige den Satz mit dem Wort, mit dem Begriff, den du jetzt am meisten für dich brauchst.

Vielleicht ist es das Wort **„Liebe", „Kraft", „Gelassenheit", „Freude", „Stärke"** – oder welchen Begriff du auch immer für dich wählst.

Wir ERINNERN UNS NICHT an bestimmte Tage. **Wir ERINNERN UNS an bestimmte MOMENTE.**

IN DEM MOMENT, IN DEM DU ZULÄSST,
dass dich jemand in deinem Seelenfrieden stört, dir wehtut und versucht, dich zu (zer-)brechen, ist es höchste Zeit, zu gehen.

In dem Moment, in dem du spürst, dass jemand dich auf dem Weg zum inneren Frieden unterstützt und dir dabei hilft, etwas Zerbrochenes zu heilen, kannst du bleiben.

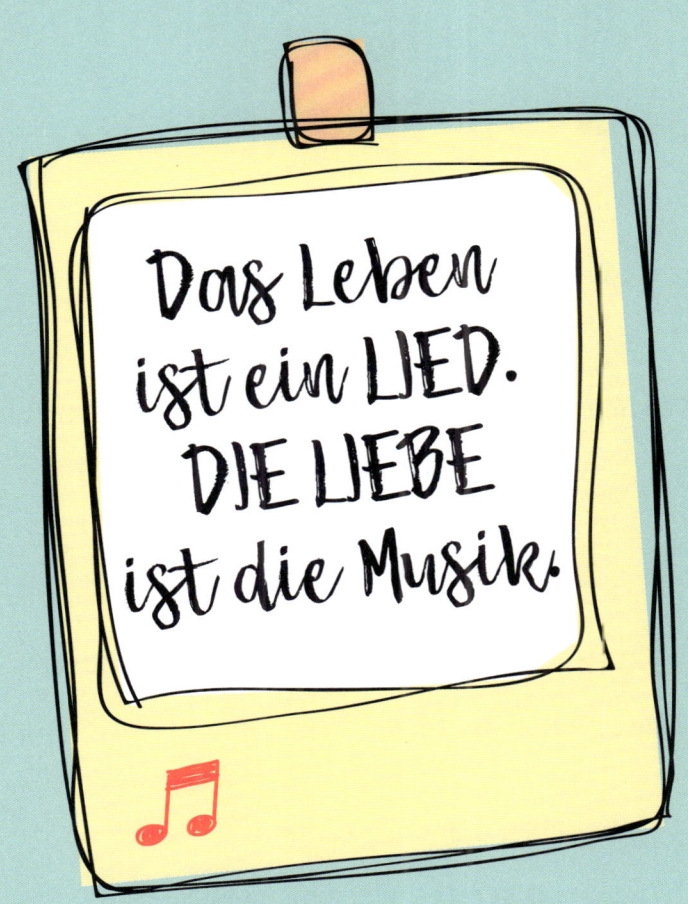

Welchen **Soundtrack** schenkst du deinem heutigen Tag?

Welche **Grundmelodie** hat dein Leben?

Und wie hört sich **Liebe** für dich an?

Liegt ihr **Klang** über allem?

Oder ist sie nur eine zarte **Hintergrundmusik?**

Ist sie eine **Konstante,** die deine Lebensmusik bestimmt?
Mal lauter, mal leiser?

Wer dreht den **Lautstärkeregler?**

Bist du es oder jemand anderes?

WAS WÄRE, WENN du damit aufhören würdest, dir ständig zu erzählen, was du nicht kannst?

WAS WÄRE, WENN du damit aufhören würdest, dir ständig zu erzählen, dass du etwas nicht verdienst?

WAS WÄRE, WENN du dir erlauben würdest, zu können, was du tun willst?

WAS WÄRE, WENN du dir erlauben würdest, das zu bekommen, was du dir wünschst?

WAS WÄRE, WENN du dir erlauben würdest, die Person zu sein, die du sein möchtest?

WAS WÄRE, WENN du all das so fühlen würdest – unabhängig davon, was deine Sinne dir als derzeitige Realität widerspiegeln?

Wie würde sich dein Leben dann wandeln?

Dein Anti-Hürden-Plan

WAS FÜR ZIELE HAST DU? Schreibe sie auf und mache dir einen Plan mit den nötigen Schritten dorthin. Durch diesen Prozess wirst du eine Menge über dich lernen. Begrenzungen oder Probleme lösen sich nicht dadurch auf, dass du verbissen an einer positiven Grundeinstellung festhältst. Sie lösen sich auch nicht auf, wenn du zu Hause sitzt und nichts tust.

Löse dich von Begrenzungen aller Art, indem du sie wahrnimmst und dir einen Plan zurechtlegst. Wen und was brauchst du, um ans Ziel zu kommen? Marschiere los und genieße die Erfahrungen, die du dabei machst. Denn dadurch werden deine Hürden immer kleiner.

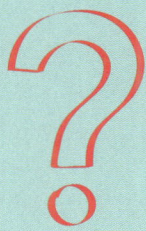

IN WELCHEN NETZEN HAST DU DICH IM LAUFE DEINES LEBENS VERHEDDERT,
AUS DENEN DU DICH ERFOLGREICH HAST BEFREIEN KÖNNEN?
WIE HAST DU DAS GEMACHT?

In welchen Netzen bist du derzeit noch gefangen und wer kann dir dabei helfen, wieder herauszukommen?

In welchen Netzen steckst du, obwohl du da gar nichts zu suchen hast? Inwiefern hast du dich einwickeln lassen?

UND VON WELCHEN NETZEN, DIE DU AUSGEWORFEN HAST, UM ANDERE MENSCHEN DARIN ZU FANGEN, MÖCHTEST DU NUN LOSLASSEN?

NUTZE DIESEN PLATZ FÜR DICH, um deine Gedanken aufzuschreiben. Um deine Gefühle auszudrücken, die sich heute, in dieser Woche oder in diesem Monat bemerkbar gemacht haben. Oder um sie anhand einer Zeichnung auszudrücken.

JEDER VON UNS IST EINE SPIRITUELLE PERSÖNLICHKEIT, die sich im eigenen Tempo auf ihrem spirituellen Weg vorwärtsbewegt. Der eine schreitet langsam voran, der andere schnell.

DIE HERAUSFORDERUNG DABEI IST, DASS WIR UNS DABEI AN UNSERE EIGENE SPIRITUELLE GÖTTLICHKEIT ERINNERN. DABEI KANN UNS DIE LIEBE AM BESTEN HELFEN.

Die Liebe ist die Quelle, von der wir kommen und an die wir eines Tages auch wieder zurückkehren werden. In der Zwischenzeit dürfen wir einfach nur diese Liebe leben. Jeder in seinem Tempo. Das bedeutet spirituelle Göttlichkeit.

Liebe
Glaube
Lachen
Mut
Hoffnung

DEINE GEDANKEN SIND GEFÄRBT VON DEM, WAS DU WÄHLST.

**WAS GEHT IN DIR VOR, WENN DEIN KÖRPER NICHT SO WILL,
WIE DU ES GERNE HÄTTEST?
WENN ER DIR SIGNALISIERT, DASS ER ERSCHÖPFT IST?**

Wenn du also nicht mehr wie gewohnt mit deinen Ressourcen arbeiten kannst wie bisher? Bist du dann wütend oder enttäuscht?

Und warum?

WIE DU MIR, SO ICH DIR!

Es geht verdammt schnell, dass wir sagen: „Pah, du hast mich unfair behandelt, dann behandle ich dich jetzt auch so!" Oder: „Du gibst mir nicht dieses oder jenes? Dann entziehe ich dir meine Liebe!"

WENN WIR UNS SO VERHALTEN, DANN IST DAS EIN HANDEL. ES IST EIN TAUSCHGESCHÄFT. NICHT MEHR UND NICHT WENIGER.

Aber sind Wahrheit, Fairness und Liebe etwa Waren? Ich denke nicht, oder? Meiner Meinung nach sind sie ein Spiegel unserer Seele. Wenn wir also liebevoll, ehrlich und fair behandelt werden wollen, sollten wir immer mit gutem Beispiel vorangehen. Auch, wenn es andere nicht so machen.

WELCHE GEDANKEN hemmen dich noch in deiner Gelassenheit?

TAG 219

Was deine Vergangenheit mit der Zukunft anstellt

SCHAUE HEUTE MAL AUF DEIN BISHERIGES LEBEN ZURÜCK. Welche Fehler hast du gemacht? Was lief gut? Dein Verhalten in der Vergangenheit bestimmt deine Gegenwart und ist auch verantwortlich für deine Zukunft – wenn du nicht die Notbremse ziehst.

HALTE POSITIVE EIGENSCHAFTEN UND VERHALTENSWEISEN FEST.
LÖSE DICH VON SOLCHEN, DIE DICH NICHT WEITERBRINGEN.

Wenn das, was du tust,
dich deinen inneren Frieden kostet,
dann ist der Preis dafür zu hoch.

Dann ist es die Sache nicht wert. Lasse es los!

Natur

GEHE RAUS INS GRÜNE UND SETZE DICH DORTHIN, wo es dir zusagt. Schließe die Augen und nimm die Geräusche um dich herum wahr. Mache dir bewusst, dass du ein Teil dieses Augenblicks bist.

Fokussiere dich nun mit deinem Atem auf die verschiedenen Bereiche in deinem Körper, gehe mit der Bewegung deines Atems nach innen. Genieße es, dass du ein Teil der Natur bist, die dich umgibt, während du deinen Atem ganz bewusst durch deinen Körper strömen lässt.

Es gibt kaum etwas Effektiveres, als deine Aufmerksamkeit mittels deines Atems auf deinen und durch deinen Körper zu lenken. Wenn du das regelmäßig machst, löst du dich immer besser von unangenehmen Gefühlen und Gedanken. Du stärkst dadurch immer mehr das Gefühl für dein Sein, für deine liebende und selbstbewusste Präsenz.

MACHE DIESE MEDITATION 5 BIS 10 MINUTEN LANG.

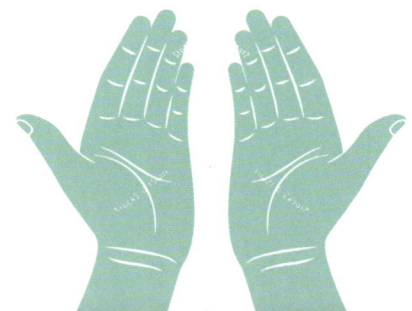

Was willst du fühlen, wenn du etwas Bestimmtes erreicht hast?

Viele wissen das gar nicht, daher empfinden sie dann oft nur Leere – trotz ihres Erfolges. Schicke das Gefühl, das du dir wünschst, immer voraus, damit der Rest folgen kann.

KANNST DU DAS ERGEBNIS SPÜREN? WEISST DU, WIE SICH DAS ÜBERTRETEN DER ZIELLINIE FÜR DICH ANFÜHLEN SOLL?

EIN HEILUNGSPROZESS VERLÄUFT NICHT LINEAR, sondern eher wie eine Zickzacklinie. Das Gleiche gilt für deine Freundschaften, deine Erfolge, dein Durchhaltevermögen und deine finanziellen Mittel. Im Endeffekt zieht sich diese Zickzacklinie durch dein ganzes Leben.

Wenn du also mal „unten" sein solltest, mache dir bewusst, dass das nur ein vorübergehender Zustand ist. Genauso verhält es sich natürlich, wenn du „oben" bist.

Diese Zickzacklinie zieht sich nicht nur durch dein Leben, sondern durch das von uns allen. Vielleicht hilft dir dieser Gedanke zu gegebener Zeit weiter.

NUTZE DIESEN PLATZ FÜR DICH, um deine Gedanken aufzuschreiben. Um deine Gefühle auszudrücken, die sich heute, in dieser Woche oder in diesem Monat bemerkbar gemacht haben. Oder um sie anhand einer Zeichnung auszudrücken.

....
....
....
....
....
....
....
....
....

TAG
225

LEGE DICH HIN und träume mal eine Runde drüber nach.

VERREIST DU GERNE? Aber bist du manchmal so oft unterwegs, dass du gar nicht mehr weißt, wohin dich die Reise führt? Oder verreist du so viel, weil du nicht zur Ruhe kommen willst?

UND WIE SIEHT ES MIT DEINER LEBENSREISE AUS?
BIST DU AUCH WIRKLICH DA, WENN DU DORT BIST?

Ansonsten kann es nämlich sein, dass du am Ende deines Lebens zurückschaust und bemerkst, dass die Jahre an dir vorbeigerauscht sind, da du vergessen hast, deine Reise zu genießen.

TAG 227

Male deinen Lebensweg

Nimm ein Stück Papier zur Hand und zeichne deinen bisherigen Lebensweg auf. Mit all seinen Gabelungen, Hindernissen und Kurven. Schaue zurück, wie dein Weg war. Wo du wie und aus welchem Grund abgebogen bist, einen U-Turn gemacht hast.

UND DANN ZEICHNE DEINE WEITERE REISE. Male auch genügend Haltepunkte in deine Skizze. Die stehen dafür, dass du in Zukunft mehr Zeit im Augenblick verbringen möchtest.

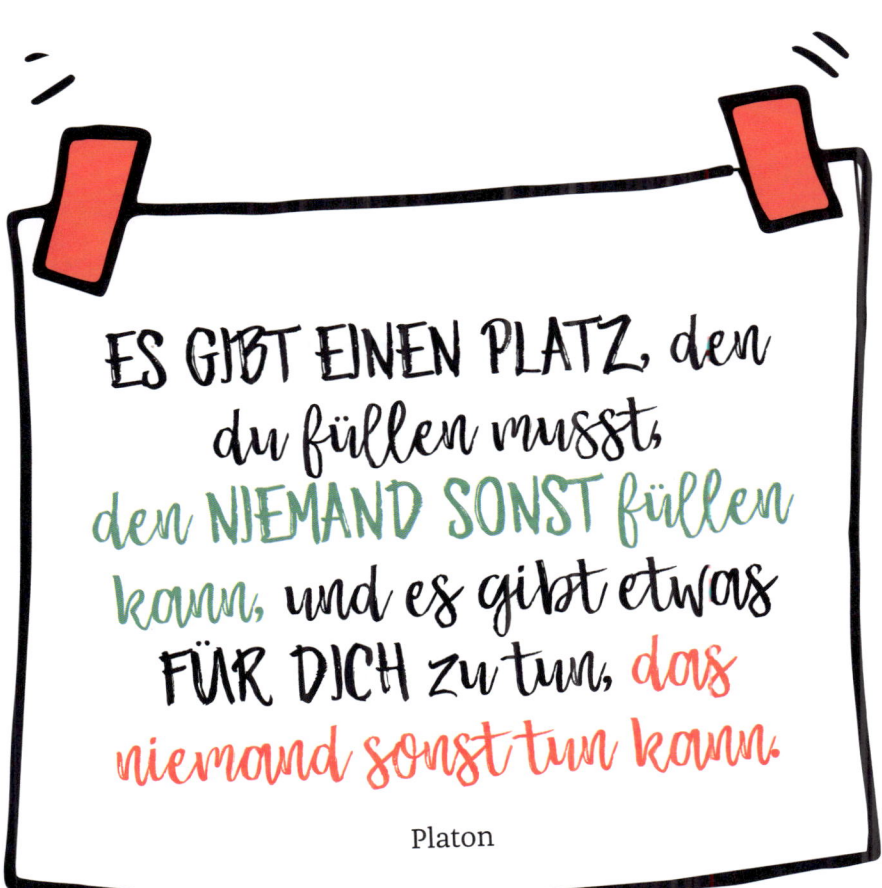

WENN DU AUF DER SUCHE nach einer besseren Welt bist, fange immer bei dir an. Denn du bist ein Teil dieser Welt. Du bist ein Teil dieses Wunsches. Du nimmst diese Welt immer mit. Egal, ob du am Schreibtisch sitzt, im Supermarkt an der Kasse Schlange stehst oder bei dir zu Hause im Bett liegst.

Das „Bessere", nach dem du strebst, findest du nicht im Außen. Du kannst es dort erst sehen und erkennen, wenn du es in dir spürst und es dann nach außen lebst.

Alles fängt BEI und IN DIR an.

WOLLEN WIR VORANKOMMEN, UNS WEITERENTWICKELN, unsere Talente entfalten, dann müssen wir flexibel bleiben. Denn der Wind des Lebens weht aus Richtungen, die wir nicht erahnen können. Aber ohne diesen Lebenswind kommen wir nicht voran, können keine neuen Ufer entdecken und alte nicht verlassen.

Indem du loslässt, gewinnst du an Höhe, und der Wind kann dich leichter mitnehmen. Du öffnest dich für neue, andere Perspektiven. Denn von weiter oben hast du einen neuen, anderen Blick.

UND DU BIST JA NICHT ALLEIN UNTERWEGS: Andere fliegen mit dir. Du könntest dich ihnen anschließen, ihnen Flugstrategien abschauen. Lass dich unterstützen, lass dich auf das Abenteuer Leben ein. Bist du bereit, Ballast abzuwerfen?

Welches Gedicht sollte ÜBER DICH geschrieben werden?

Welche schönen Worte sollten über dich gesagt werden?

Heute bist du ein GEDICHT

Schreibe dir ein Liebesgedicht.
Ob lustig oder dramatisch, es darf sich reimen oder auch nicht.
Lege einfach los!

WAS FINDEST DU TOLL AN DIR?
FASSE ES IN WORTE.

NUTZE DIESEN PLATZ FÜR DICH, um deine Gedanken aufzuschreiben. Um deine Gefühle auszudrücken, die sich heute, in dieser Woche oder in diesem Monat bemerkbar gemacht haben. Oder um sie anhand einer Zeichnung auszudrücken.

....
....
....
....
....
....
....
....

Urteilsfrei

SETZE ODER LEGE DICH HIN, schließe die Augen und atme ganz entspannt ein und aus. Lasse dann das Wort „urteilsfrei" vor deinem inneren Auge erscheinen. Gib diesem Wort deine Lieblingsfarbe und deine Lieblingsschrift. Wiederhole innerlich leise oder äußerlich etwas lauter das Wort „urteilsfrei".

Sollten sich andere Wörter oder Gedanken dazwischendrängen wollen, so lasse sie an diesem Meditationswort „urteilsfrei" immer wieder abprallen.

MACHE DIESE MEDITATION 5 MINUTEN LANG.

LOSLASSEN – *das klingt leicht, ist aber schwer.*

Wenn wir uns allerdings an etwas festkrallen, zum Beispiel an einer Beziehung, kann das dazu führen, dass diese erst recht kaputtgeht.

Manchmal müssen wir ein bisschen den Griff lockerlassen, damit etwas Bestand haben kann. Denn nur so können wir es in eine andere, bessere Richtung lenken.

**WAS MÖCHTEST DU HEUTE LOSLASSEN?
VON WELCHER SICHTWEISE, VON WELCHER ABHÄNGIGKEIT
MÖCHTEST DU DICH LÖSEN?**

Was machst du immer und immer wieder, das dir aber mehr schadet, als hilft? Welche (An-)Sicht lässt dich verbohrt und stur in eine Richtung gehen und führt dich immer wieder in eine Sackgasse?

Welcher Glaubenssatz ist so stark in dir verankert, dass dich die Angst fest im Griff hat?

Darum nochmal:
Was möchtest du HEUTE LOSLASSEN?

Sei mal ganz ehrlich!

Wie groß sind deine Selbstzweifel? Und dein Selbstbewusstsein? Notiere einmal, wo du dich jeweils einordnen würdest – auf einer Skala von 1 (ganz gering) bis 10 (sehr hoch):

- Selbst**bewusstsein**

- Selbst**vertrauen**

- Selbst**zweifel**

- Selbst**bestimmtheit**

- Selbst**disziplin**

- Selbst**achtsamkeit** (das Um-sich-selbst-Kümmern)

**WELCHE VON DIR GENANNTE ZAHL GEFÄLLT DIR NOCH NICHT?
WORAN DARFST DU ARBEITEN?**

TAG 239

GEDULDIG SEIN. Hoffen, dass alles besser wird. Das ist oft nicht einfach. Was, wenn die Ehe kaputt ist? Wenn jemand anderes den erhofften Job bekommt? Wenn die Diagnose beim Arzt schlimmer ist, als gedacht? All das passiert. Tagtäglich. Da geht die Hoffnung erst einmal flöten.

Aber so wie die Hoffnung kein Gegenstand ist und daher nicht zerstört werden kann – außer du lässt das zu –, so ist die Geduld wie ein Muskel, den du mit viel Liebe, Achtsamkeit und Ruhe trainieren kannst. Und das solltest du auch tun, damit du Krisen durchstehst und danach sagen kannst: „TATSÄCHLICH IST ES BESSER GEKOMMEN, ALS ICH GEDACHT HABE."

KLAMMERST DU DICH AN DEINE VERGANGENHEIT und lebst du zu wenig in der Gegenwart?

TAG 241

LÄUFT ES BEI DIR DERZEIT UNRUND?

Steht dein Leben gefühlsmäßig kopf?
Bist du unsicher, weil es so chaotisch zugeht?

Kein Grund zur Panik.
Wenn wir in einen neuen Lebensabschnitt starten
oder einen Zyklus abschließen, knirscht es manchmal im Getriebe.
Es läuft alles nicht so geschmeidig wie gewohnt.

Bitte versuche trotzdem, in der Spur zu bleiben.
Ist der Übergang geschafft, spielt sich alles wieder ein!

**HAST DU TRÄUME, DIE DU GERNE VERWIRKLICHEN WÜRDEST?
DU HAST SIE ABER NOCH NICHT IN KLARE ZIELE UMGEWANDELT?**

Ziele, für die du dir Pläne ausarbeiten und zurechtlegen darfst? Oder hast du bisher lieber Selbstgespräche geführt, in denen du dich deinen alten Begrenzungen hingibst? Wozu? Du kennst diese doch schon längst!

**STEIGE INS KALTE WASSER,
DURCH DAS DU ZU DEINEM ZIEL SCHWIMMEN KANNST.
TRAU DICH!**

Oder hast du Angst, nass zu werden?

NUTZE DIESEN PLATZ FÜR DICH, um deine Gedanken aufzuschreiben. Um deine Gefühle auszudrücken, die sich heute, in dieser Woche oder in diesem Monat bemerkbar gemacht haben. Oder um sie anhand einer Zeichnung auszudrücken.

> LASSE DICH LEBEN, wie du bist,
> ohne Kunststücke
> mit dir zu probieren,
> ohne dich zwingen zu wollen,
> Dinge zu lieben,
> die du nicht liebst.
>
> — Karoline von Günderrode

WAS STÖRT DICH an deinen Gedanken?

TAG 247

Viele „große" Menschen fühlen sich oft GANZ KLEIN.

Gut, dass es auch anders herum funktioniert.
Egal, wie „klein" du bist:
Du kannst dich trotzdem ganz groß fühlen.

ES KOMMT NICHT AUF DIE ÄUSSERE GRÖSSE AN, SONDERN AUF DIE INNERE GROSSARTIGKEIT.

Welche GROSSARTIGEN IDEEN schlummern in dir?

Schreibe heute ein paar Ideen oder Verbesserungsvorschläge auf – egal, ob für deinen Job oder dein Privatleben. Falls du zunächst keine Idee im Kopf hast, schreibe Begriffe auf, die dir spontan einfallen. Wenn du sie dann auf dem Zettel vor dir stehen hast, bilde mal das Gegenteil dazu.

Es geht bei der Übung nicht darum, krampfhaft nach etwas Positivem zu suchen. Denn aus dem, was dich nervt, kann auch etwas Wundervolles entstehen.

Viele Menschen sehen die guten Ideen in sich oft gar nicht, da diese momentan unter Stress, Wut, Enttäuschung oder Ärger vergraben sind.

BRINGE AUCH DIESE GEFÜHLE ZU PAPIER, UM DANN ZU SCHAUEN, WIE DIE NEGATIVE ENERGIE IN ETWAS GUTES UMGEWANDELT WERDEN KANN.

HEY DU! Ja, genau du!

Weißt du, dass es nun an der Zeit ist?
Zeit, um dir all das zu vergeben, was du gesagt und getan hast.
Und das, was du nicht gesagt und getan hast.

Es ist Zeit, dir dafür zu vergeben, dass du nicht jeden auf dieser Erde unterstützen oder retten kannst. Und vor allem ist es Zeit, dass du erkennst, dass dir nur das Allerbeste zusteht. Du darfst **glücklich, fröhlich** und **zufrieden** sein.

In aufrichtiger Liebe,
DEINE SEELE

Einfach mal die **PERSPEKTIVE** wechseln.

TAG 251

Was ist dein „Wozu"?

Könntest du berühmt werden,
wenn du dich richtig anstrengen würdest? Vielleicht.
Aber die Frage ist immer: Würdest du das wollen?
Und wenn ja, wozu? Um was zu erreichen?
Wenn du dir das nicht schlüssig beantworten kannst, brauchst du
dir dieses Ziel auch nicht zu setzen.

Im Leben ist nicht alles möglich.
Ein Querschnittsgelähmter wird keinen Marathon laufen.
Aber die Frage ist auch immer: Muss das das persönliche Ziel sein?

ODER HAST DU TIEF IN DIR DRIN GANZ ANDERE ZIELE?

Innerer Frieden ist kein Ort,
an dem es weder Ärger noch Ängste,
Lärm oder Hektik gibt.

INNERER FRIEDEN IST, *sich trotz all dieser Faktoren* **INNERLICH RUHIG ZU FÜHLEN.**

DU BIST SCHÖN, wenn du ...

... dich **akzeptierst,** wie du bist.

... deine Gefühle **wahrnimmst.**

... **authentisch** bist.

... deine beste **Freundin/dein bester Freund** bist.

... deine **Meinung äußerst.**

... deine **Verärgerung angemessen** zeigst.

... deine **Scham** loslässt.

... deinen **Mut zeigst.**

... dir **Zeit für dich nimmst.**

... weißt, **wer du bist.**

NUTZE DIESEN PLATZ FÜR DICH, um deine Gedanken aufzuschreiben. Um deine Gefühle auszudrücken, die sich heute, in dieser Woche oder in diesem Monat bemerkbar gemacht haben. Oder um sie anhand einer Zeichnung auszudrücken.

TAG 255

Bist du dir sicher, dass du all das möchtest, von dem du denkst, dass du es brauchst?

ODER SEHNST DU DICH NUR NACH DEM GEFÜHL, DAS DIR DAS GEWÜNSCHTE SCHENKEN SOLL?

ALLES, WAS ZÄHLT, ist die Intuition. Der intuitive Geist ist ein heiliges Geschenk und der rationale Verstand ein treuer Diener. Wir haben eine Gesellschaft erschaffen, die den Diener ehrt und das Geschenk vergessen hat.

Albert Einstein

Dein INNERES Gespräch

Schaue bitte einmal zurück, um zu erkennen,
wie du in der Vergangenheit mit dir selbst gesprochen hast.
Hast du deine Erfahrungen – vor allem die negativen – so
verinnerlicht, dass du eher sagst, was du alles nicht kannst?
Was du nicht bist? Was du nicht darfst? Nicht willst?

Wenn du dich vorwärtsbewegen willst, schaffst du es natürlich
mit einer „Was ich auf keinen Fall mehr erleben will"-Haltung.

**ABER DIESE WIRD DICH SEHR VIEL MEHR KRAFT KOSTEN,
ALS DIE „ICH MÖCHTE XY ERLEBEN"-HALTUNG.**

WIR ALLE ERLEBEN TAGE, an denen wir uns am liebsten in unserem sicheren Zuhause verkriechen würden. Natürlich kannst du das ab und zu mal tun. Aber auf Dauer ist dafür das Leben nicht gedacht. Denn alles, was du erfahren sollst, findest du vor deiner Haustür.

Auf deinem Weg warten nicht nur Liebe und Glück. Draußen können dir Illusionen genommen werden. Träume gehen kaputt, du verlierst geliebte Menschen.

Aber dieser Weg kann dir auch viel Neues schenken, dich wachsen lassen. Auf eine Art und Weise, wie es in deinen eigenen vier Wänden niemals möglich wäre.

DU ENTSCHEIDEST, OB DU DIE TÜR NACH DRAUSSEN ÖFFNEST ODER NICHT.

Heute weniger To-dos, dafür mehr Ta-das.

Die Antworten in dir

NOTIERE IN DEN NÄCHSTEN TAGEN EIN PAAR PERSÖNLICHE FRAGEN, AUF DIE DU GERNE EINE ANTWORT HÄTTEST.

- Dann **suche** dir die heraus, die das stärkste Gefühl in dir auslöst, setze dich an einen ruhigen Ort und schließe die Augen.

- **Achte** die nächsten 5 Minuten auf deinen Atem und warte, was für Antworten kommen.

- **Erkenne,** dass die Antworten zu den Fragen, die du hast, in dir liegen.

MACHE DAS 1 WOCHE LANG.

FINDE DICH SELBST: ein oft gesagter Satz. Aber wie soll das gehen? Wie und wo sollst du dich selbst finden? Wie eine verlorene Socke in der Waschmaschine?

So funktioniert das nicht, denn du bist nicht verloren gegangen. Du bist nur verborgen unter einem Haufen von Meinungen, Ansichten, Begrenzungen und Konditionierungen. Dein wahres Selbst ist hier, denn es war schon immer da. Es ist nie weg gewesen. „Finde dich selbst" bedeutet also schlichtweg: Wende dich dir zu.

WENDE DICH DEM LIEBEVOLLEN, REINEN, PUREN SELBST ZU, das in dir steckt. Werde wieder zu dem Menschen, der du warst, bevor die Außenwelt anfing, ihre Ansichten über dein Selbst zu stülpen.

Gibt es ein GESPRÄCH, das du schon längst hättest führen müssen? WORAUF WARTEST DU NOCH?

TAG 263

NUTZE DIESEN PLATZ FÜR DICH, um deine Gedanken aufzuschreiben. Um deine Gefühle auszudrücken, die sich heute, in dieser Woche oder in diesem Monat bemerkbar gemacht haben. Oder um sie anhand einer Zeichnung auszudrücken.

....
....
....
....
....
....
....
....
....

Mache den heutigen Tag so großartig,
dass dein Gestern neidisch wird
und dein Morgen jetzt schon überlegt,
wie es das toppen kann.

Währenddessen genießt du **DEIN HEUTE!**

Dein Start in den Tag

1. Wie **möchtest** du den heutigen Tag erleben?
2. Wofür bist du jetzt schon **dankbar?**
3. Auf was **freust** du dich?

Ich bin

SUCHE DIR EINEN RUHIGEN ORT, SETZE DICH BEQUEM HIN UND SCHLIESSE DIE AUGEN.

Es geht jetzt nicht darum, besonders tief einzuatmen, wenn dir das noch Probleme bereiten sollte. Es geht darum, dass du zunächst ein paar bewusste Atemzüge nimmst. Komme ganz dort an, wo du gerade bist.

Mit dem nächsten Einatmen sagst du innerlich das Wort „Ich" und mit dem nächsten Ausatmen das Wort „bin".

Einatmen = Ich

Ausatmen = bin

Wiederhole das immer wieder. Sobald du merkst, dass du abgelenkt warst, kehrst du wieder zu den zwei Wörtern „Ich bin" zurück.

MACHE DAS 5 BIS 10 MINUTEN LANG.

**LIEBE DICH HEUTE SO,
WIE DU ES DIR VON ANDEREN WÜNSCHST.**

So, wie du es brauchst,
um dich wirklich geliebt zu fühlen.

Deine Wunsch-Pusteblume

ÜBERLEGE DIR, WAS DU DIR WÜNSCHST, und dann suche dir eine echte oder imaginäre Pusteblume. Sobald du sie in der Hand hältst, fühle in den Wunsch hinein und stelle dir vor, dass der Wunsch bereits erfüllt ist. Dann hole tief Luft, puste los und schicke damit kleine Partikel davon in die Welt hinaus.

ABER BITTE NUR MACHEN, WENN DU DIE VORSTELLUNGSKRAFT UND DEN GLAUBEN EINES KINDES HAST.

ANSONSTEN VERSCHENKE DIESE WUNSCH-PUSTEBLUME AN JEMANDEN, DER DIESEN GROSSARTIGEN GLAUBEN NOCH IN SICH TRÄGT.

Du bist nie zu unwichtig, um etwas bewegen zu können.

Du bist nie zu spät, **um etwas Besonderes anzufangen.**

Du bist nie zu klein, um großartig zu sein.

Du bist nie zu wertlos, **um etwas Wertvolles tun zu können.**

Du bist nie zu schwach, um Stärke zu zeigen.

Du bist nie zu ängstlich, **um Mut zu haben.**

Du bist nie zu blass, um Farbe zu bekennen.

Du bist nie zu unfrei, **um sagen zu können, was du denkst.**

Du bist nie zu alt, um dich jung zu fühlen.

Du bist nie zu stark, **um deine Gefühle zu zeigen.**

Du bist nie zu beschäftigt, um dich lieben zu lassen.

Du bist nie zu hart, **um mitfühlend zu sein.**

> Das Wort **NEIN** auszusprechen, ist der erste Schritt **ZUR FREIHEIT.**
>
> — Nicolas Chamfort

TAG 272

Fühlst du dich kompetent?

WEN WÜRDEST DU PRINZIPIELL ALS KOMPETENT BEZEICHNEN? WIE STELLT SICH SO EIN MENSCH IN DEINEN AUGEN DAR?

Und wo mangelt es dir bei deinem Auftreten noch? Wen oder was bräuchtest du als Unterstützung, um dich kompetenter zu fühlen als bisher?

VERLIEBE DICH JEDEN TAG AUFS NEUE IN DICH UND DEIN LEBEN.
Bleibe dir treu und lache, was das Zeug hält.
Gehe Beziehungen ein und lasse sie wieder los,
wenn sie dir nicht mehr guttun.
Halte die Hand eines anderen Menschen
oder die Pfote eines Tieres.
Sei eine Lichtgestalt am Ende des Tunnels
und erhalte das Licht, das in dir leuchtet.
Küsse so viel und so lange es geht
und lasse das Knistern des Lebens
als Knall durchs Universum donnern.

TAG
274

NUTZE DIESEN PLATZ FÜR DICH, um deine Gedanken aufzuschreiben. Um deine Gefühle auszudrücken, die sich heute, in dieser Woche oder in diesem Monat bemerkbar gemacht haben. Oder um sie anhand einer Zeichnung auszudrücken.

....
....
....
....
....
....
....
....
....

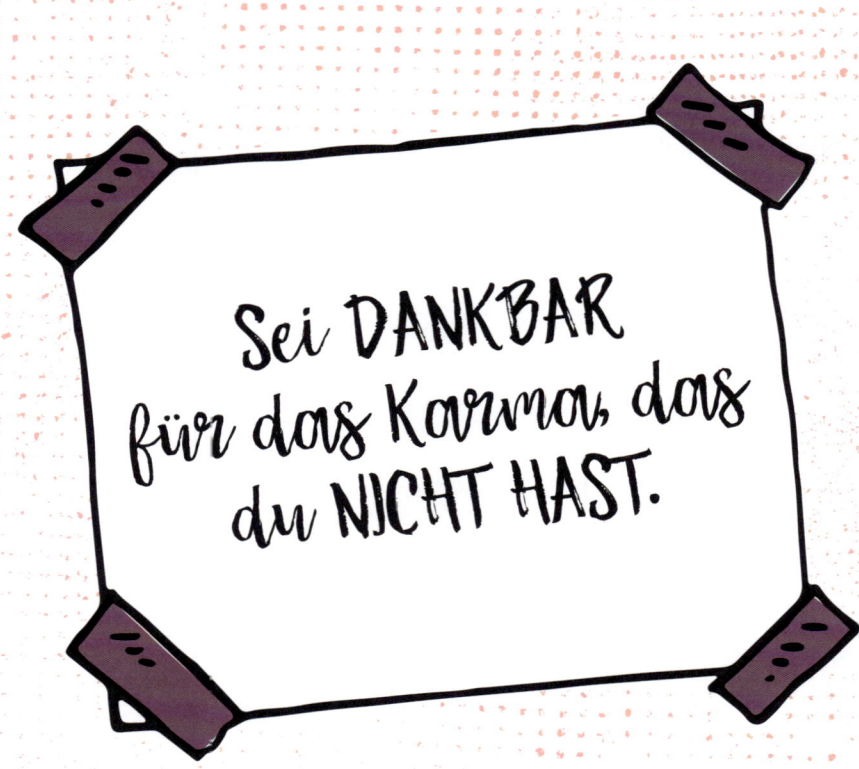

DER CHARAKTER EINES MENSCHEN zeigt sich am besten darin, wie er die Personen behandelt, die in den Firmen bereits morgens früh die Türen aufschließen oder für andere die Toiletten sauber machen. Eine Servicekraft trägt ihr Namensschild nicht, damit man sich besser über sie beschweren kann, sondern damit man sie mit ihrem Namen ansprechen kann.

Es kommt also nicht darauf an, wie du mit einer Führungskraft sprichst, sondern, ob du die Putzfrau oder den Pförtner freundlich grüßt.

REALITÄT | WAS DU FÜR DIE REALITÄT HÄLTST

Diese 5 FRAGEN bringen dich weiter.

Beantworte sie heute schriftlich:

Wer und **was** will ich sein?

Wann fange ich damit an?

Wer soll mich dabei **unterstützen?**

Was sind meine **ersten** Schritte?

Was mache ich, wenn mir **Zweifel** kommen?

ZWEIFEL HABEN IMMER NUR SO VIEL AUFMERKSAMKEIT, wie du ihnen schenkst. Sie haben nur Bestand, wenn du dein Lebensglück von äußeren Umständen abhängig machst.

DU SOLLST SORGEN ODER ÄNGSTE NICHT VERDRÄNGEN, das bringt langfristig nichts. Du darfst dir stattdessen eine Situation oder einen Lebensabschnitt gefühlsmäßig so vorstellen, wie du es gerne hättest.

DAS SETZT NATÜRLICH VORAUS, dass du weißt, was du willst. Wohin die Reise gehen soll. Welche Wünsche du dir erfüllen möchtest. Scheitert es bei dir bisher daran? Dann nehmen die Zweifel noch mehr Raum in dir ein, als der Glaube an deine eigene Kraft.

SPÜRST DU EINE GRUNDSÄTZLICHE RUHE IN DIR?

Eine Ruhe, die dich sowohl in Zeiten von Bewegung als auch in denen des Stillstands begleitet? Die dich zuversichtlich sein lässt, egal, wie chaotisch es um dich herum ist?

Eine Ruhe, die dir dabei hilft, Entscheidungen zu treffen? Die dir signalisiert, dass es die richtigen sind?

Fühlst du DIESE RUHE schon? Oder darfst du sie in Zukunft öfter zulassen?

Inneres Kind

MACHE ES DIR AN DEINEM LIEBLINGSORT BEQUEM, SCHLIESSE DIE AUGEN UND LASSE DICH GANZ AUF DIESEN ORT EIN.

Stelle dir dich selbst nun als Baby, Kind oder im Jugendalter vor. Nimm es so an, wie es sich dir zeigt. Lasse dir dafür Zeit. Atme dabei ruhig weiter.

Reiche deinem inneren Kind deine Hand, gib ihm eine liebevolle Umarmung oder lasse es auf deinem Schoß Platz nehmen. Biete deinem inneren Kind die Zuwendung, die Liebe, den Trost, die es braucht.

ERKLÄRE DEINEM INNEREN KIND IN DIESER MEDITATION, WAS DAS SCHÖNE AM LEBEN IST, WAS IHR BEIDE NOCH WUNDERBARES ZUSAMMEN ERLEBEN KÖNNT. SIGNALISIERE DEINEM INNEREN KIND, DASS DU AB JETZT IMMER FÜR ES DA SEIN WIRST. LASSE DIR FÜR DIESE MEDITATION SO VIEL ZEIT, WIE DU MÖCHTEST UND BRAUCHST.

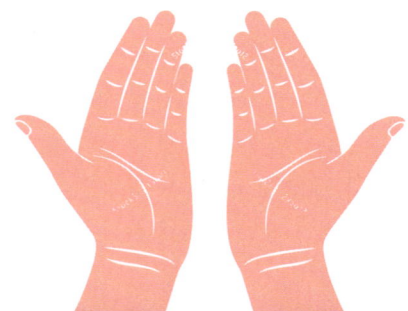

Du bist hier, um dir DEINE TRÄUME zu erfüllen.

Du bist hier, um deine eigenen Ziele zu erreichen.
Du erschaffst nur etwas, wenn du dich traust.
Wenn du dir vertraust.
Wenn du an das Göttliche in dir glaubst.

Du bist nicht hier,
um den Erwartungen anderer Menschen zu entsprechen.
Du bist nicht hier, um eines Tages auf der Bank zu sitzen und
zu sagen: „Hätte ich es doch bloß mal versucht."

**ES LÄSST SICH NICHTS GROSSARTIGES ERSCHAFFEN,
WENN DU NUR „DAS SICHERE" MACHST.
DADURCH ÖFFNEN SICH DIR NICHT DIE TÜREN ZUR SCHATZKAMMER DES LEBENS
MIT ALL SEINEN MÖGLICHKEITEN.**

NUTZE DIESEN PLATZ FÜR DICH, um deine Gedanken aufzuschreiben. Um deine Gefühle auszudrücken, die sich heute, in dieser Woche oder in diesem Monat bemerkbar gemacht haben. Oder um sie anhand einer Zeichnung auszudrücken.

....
....
....
....
....
....
....
....
....

TAG
284

AUF WELCHE FRAGE HÄTTEST DU GERNE EINE ANTWORT? UND WEN KANNST DU DAZU BEFRAGEN?

TAG 285

> Wenn du eine **WEISE ANTWORT** verlangst, musst du **VERNÜNFTIG FRAGEN.**
>
> Johann Wolfgang von Goethe

Obwohl jeder Tag ein Geschenk ist,
kann er manchmal ganz schön hässlich verpackt sein.

Nimm ihn dennoch an und packe ihn aus.

WER WEISS, OB NICHT GANZ UNTEN AUF DEM BODEN DES KARTONS ETWAS WERTVOLLES AUF DICH WARTET.

Begegnet dir jemand, der anscheinend meint,
zu wissen, wer du bist, kannst du innerlich denken:
„Du kennst meinen Namen,
aber du kennst nicht meine Geschichte."

*Habe das auch im HINTERKOPF,
wenn DU meinst,
jemanden zu „kennen".*

IM LAUFE DES LEBENS häufen wir eine Menge Besitztümer an, machen uns abhängig von Menschen, Sachen, Meinungen … Das lässt uns schwer werden, wir können nicht mehr so leicht fliegen und vorankommen. Je nachdem, was die Seele und das Leben mit uns vorhaben, bedarf es daher manchmal eines Orkans, der uns mitreißt, uns losreißt von Vertrautem. Das finden wir natürlich nicht gut. Denn wir würden lieber selbst entscheiden, wann wir loslassen und vor allem wovon.

WÄRE ES DAHER NICHT KLÜGER, SCHON FRÜHER BALLAST ABZUWERFEN? Nach und nach, nicht alles auf einmal – ansonsten fliegst du zu schnell davon und kommst in Situationen, für die du noch nicht bereit bist.

LASSE GENAU SO VIEL LOS, wie du brauchst, um auf ein neues Lebensplateau zu kommen.

WOCHENPLAN für mehr Ich-Zeit

Überlege bitte einmal,
wie du deine Zeit ab jetzt besser einteilen kannst,
sodass mehr Freiraum nur für dich bleibt.
Denn den vernachlässigen wir leider viel zu oft.

NIMM DIR ZEIT FÜR DEINEN FLOW!

Erstelle dir einen exemplarischen Wochenplan,
der dir dabei helfen kann,
dir gegenüber rücksichtsvoller zu sein.

JE STÄRKER DU ETWAS IN DER VERGANGENHEIT emotional erfahren hast, desto stärker ist die Erinnerung daran in deinem Gehirn. Wenn du allerdings immer wieder mit dem Blick aus der Vergangenheit in die Zukunft schaust, dann wirst du in deine Zukunft nur das hineinprojizieren, was du in der Vergangenheit erfahren hast.

JEDES DEINER GEFÜHLE, JEDER GEDANKE entspricht einer bestimmten Energie. Genau wie die neue Ebene, die du erreichen willst. Wenn du also dorthin willst, weil es für dich besser, gesünder oder schöner ist, dann musst du einen Energiewandel vornehmen. Mit deiner bisherigen Gedanken- und Gefühlsfrequenz kommst du nicht auf dieses neue Plateau.

Niemand verändert sich, wenn er nicht auch seine Energie verändert.

TAG 293

Das Leben ist ein Geschenk
und schaut uns jeden Tag über die Schulter.
Es fragt uns spätestens am Abend,
ob wir uns ihm würdig erwiesen haben.

WAS WILLST DU HEUTE ABEND ANTWORTEN, WENN DEIN LEBEN DICH FRAGT, MIT WELCHER STIMMUNG, HALTUNG, ART UND WEISE DU ES GELEBT HAST?

WIE WILLST DU IM LAUFE DES TAGES DEINE DANKBARKEIT IHM GEGENÜBER ZUM AUSDRUCK BRINGEN?

NUTZE DIESEN PLATZ FÜR DICH, um deine Gedanken aufzuschreiben. Um deine Gefühle auszudrücken, die sich heute, in dieser Woche oder in diesem Monat bemerkbar gemacht haben. Oder um sie anhand einer Zeichnung auszudrücken.

Um in dir eine gute Energie aufzubauen, musst du auf deine **Gedanken achten.**

Um in dir eine gute Energie aufzubauen, musst du **Entscheidungen treffen.**

Um in dir eine gute Energie aufzubauen, musst du dir **Freizeit gönnen.**

Um in dir eine gute Energie aufzubauen, darfst du auch das **Nichtstun genießen.**

Um in dir eine gute Energie aufzubauen, **ist es okay, loszulassen.**

Um in dir eine gute Energie aufzubauen, ist es in Ordnung, **deine Meinung zu ändern.**

Um in dir eine gute Energie aufzubauen, darfst du **Nein sagen.**

Um in dir eine gute Energie aufzubauen, ist es in Ordnung, auch **mal alleine zu sein.**

Ich entscheide mich, jetzt hier zu sein.

Setze dich auf einen Stuhl, stelle die Füße auf den Boden, atme ein paar Mal ein und aus. Ein und aus.

Dann sagst du innerlich oder laut für dich selbst den Satz: „Ich entscheide mich, jetzt hier zu sein."

Wiederhole das in deinem von dir gewünschten Tempo. Spüre dabei in dich hinein, ohne die Gefühle, die sich in dir bemerkbar machen, verändern zu wollen.

Nimm sie einfach wahr, während du diesen Satz wiederholst: „Ich entscheide mich, jetzt hier zu sein."

MACHE DIESE MEDITATION 5 BIS 10 MINUTEN LANG.

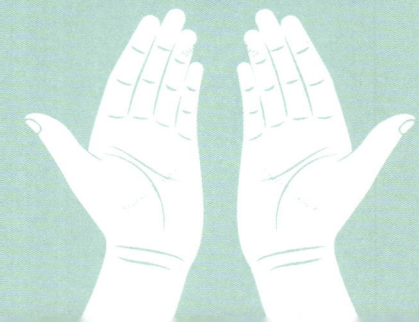

Schaue nach innen.

Heile von innen.

Wachse von innen.

Liebe von innen.

Glaube von innen.

Leuchte von innen.

Antworte von innen.

Willst du Gift oder Medizin?

Viele Verhaltensweisen lassen sich in zwei Schubladen ablegen, die wir tagtäglich aufziehen: **Dankbarkeit, Optimismus, Akzeptanz** und **Selbstliebe** stecken in der Schublade mit der Aufschrift „Medizin".

Das Pflegen ungesunder Beziehungen, negatives Denken, Lästern, ungesunde Ernährung und das Verleugnen von Problemen stecken in der Schublade mit der Aufschrift „Gift".

WELCHE SCHUBLADE ÖFFNEST DU HEUTE?
WÄHLE GANZ BEWUSST AUS.

?

BIST DU BEREIT DAZU, die Welt heute mit einer TAT DER LIEBE zu überraschen?

TAG 302

Körper – Geist – Seele: Das alles ist EINS.

Du bist nicht nur dein Körper. Du bist nicht nur deine Gedanken. Deine Seele nutzt deinen Körper und deinen Geist, um sich dadurch erfahren zu können. Du bist das Selbst, das sich bewusst ist, dass das eine das andere bedingt.

**DENKE DICH ALS EINS. FÜHLE DICH ALS EINS. SEI EINS.
DENN WER WILLST DU SONST SEIN?**

Was ist es, was du WILLST? Es ist immer das, woran du GLAUBST.

TAG 304

NUTZE DIESEN PLATZ FÜR DICH, um deine Gedanken aufzuschreiben. Um deine Gefühle auszudrücken, die sich heute, in dieser Woche oder in diesem Monat bemerkbar gemacht haben. Oder um sie anhand einer Zeichnung auszudrücken.

TAG 305

DEIN GEGENWÄRTIGER BEWUSSTSEINSZUSTAND wurzelt in der Vergangenheit. Gefällt dir deine derzeitige Situation nicht, musst du dich in die Zukunft hineindenken. Der Bewusstseinszustand, den du erreichen möchtest, existiert bereits. Du musst durch ein Hineinfühlen peu à peu in diesen Zustand kommen. Um ihn dann immer öfter beizubehalten, bis du vollkommen dieser Bewusstseinszustand bist.

Denn dann wird dieser zukünftige Bewusstseinszustand bald dein GEGENWÄRTIGER SEIN.

START	PROZESS	ERGEBNIS

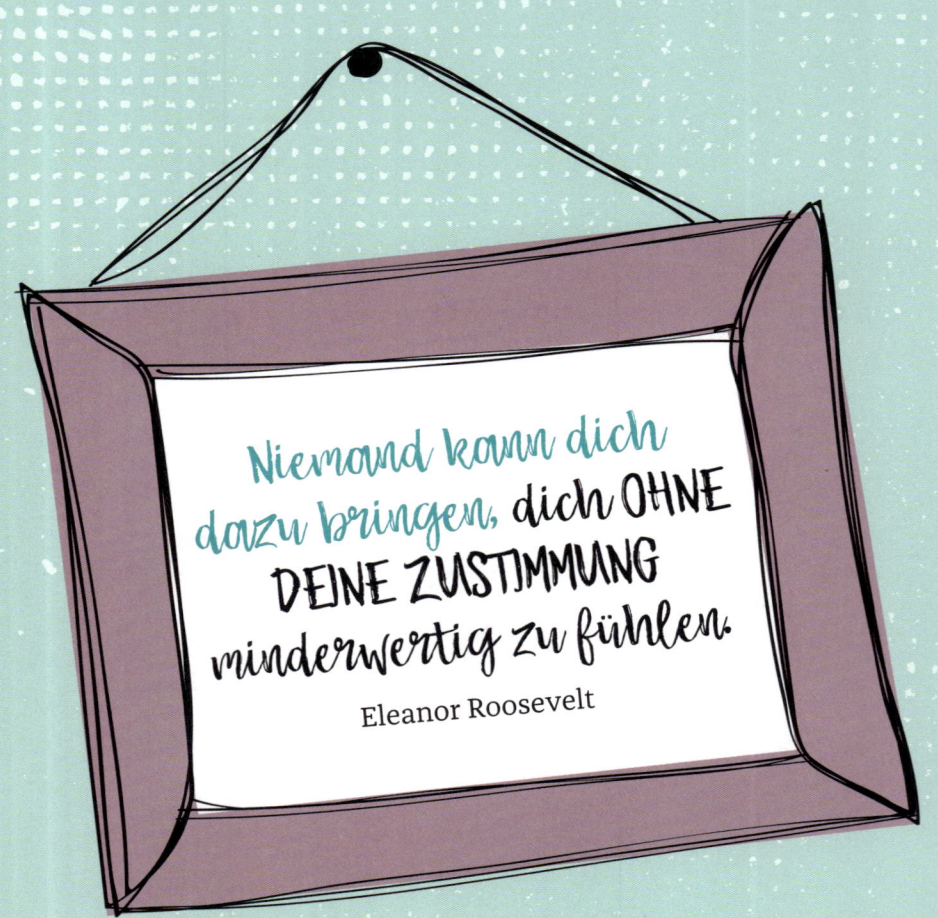

DU WILLST WENIGER STRESS HABEN?

Dann erfülle regelmäßig die folgenden zehn Punkte:

Atme tief.

Schlafe genug.

Lache laut und **viel.**

Umarme ein Lebewesen.

Gehe **spazieren.**

Sprich mit jemandem.

Tanze.

Streichle einen **Baum** oder eine **Blume.**

Mache dir selbst ein **Kompliment.**

Bedanke dich – bei dir selbst und bei anderen.

**BIST DU BEREIT DAZU, MIT DIR SELBST HOCHZEIT ZU FEIERN?
DEINE LIEBE ZU DIR SELBST ZU ZELEBRIEREN?**

Du lebst mit dir in einer lebenslangen Beziehung, und das seit deinem ersten Atemzug. Bis zu deinem letzten.

24 Stunden am Tag. 7 Tage die Woche. 365 Tage im Jahr.

Achte also darauf, dass du dich liebst, dich respektvoll behandelst, dich auf dich selbst verlassen kannst, dir treu bist, dich selbst anerkennst, damit du einfach gerne mit dir zusammen bist.

LEBE MIT DIR SELBST ALL DAS, WAS DU DIR IN DER EHE MIT EINER FRAU ODER EINEM MANN ERHOFFST.

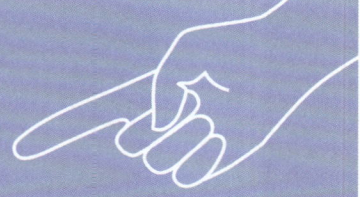

EINE BLUME
der Erinnerung

Lege heute für alle verstorbenen Menschen,
die du kanntest,
eine Blume der Erinnerung nieder.

UM DIESE ZU EHREN, SIE AUCH (NOCH) NACHTRÄGLICH ZU BESCHENKEN.

UM IHNEN ETWAS GUTES ZU TUN.

UNSER LEBEN BESTEHT DARAUS, eine Balance zu finden, denn das Leben liebt die Balance. Eine Balance zwischen Ruhe und Unruhe. Eine Balance zwischen Liebe und Angst. Eine Balance zwischen Entspannung und Stress. Manchmal lässt sich die nur durch Chaos erreichen – das ist schmerzhaft und anstrengend.

SOBALD DU IN HARMONIE MIT DIR SELBST BIST, WIRST DU ZU EINEM GEFÄSS FÜR ETWAS GROSSES, WUNDERBARES UND WERTVOLLES, DAS DICH DURCH UND DURCH ERFÜLLT.

> *Der Mensch ist nie ZUFRIEDEN.*
>
> Rosa Luxemburg

NUTZE DIESEN PLATZ FÜR DICH, um deine Gedanken aufzuschreiben. Um deine Gefühle auszudrücken, die sich heute, in dieser Woche oder in diesem Monat bemerkbar gemacht haben. Oder um sie anhand einer Zeichnung auszudrücken.

TAG 314

DIE ANGST IST SELTEN EIN GUTER RATGEBER. Sie ist eine sehr geschickte Lügnerin. Ein kleiner Teufel, der auf deiner Schulter sitzt und dir weismachen will, dass all die Dinge, die du befürchtest, sich auch bewahrheiten werden.

Deine Angst, nicht gut genug zu sein, oder deine Meinung, etwas Besseres zu sein, werden vom selben Gefühl getriggert: der Angst davor, du selbst zu sein.

DU HAST DIE KRAFT UND STÄRKE, DICH NICHT VON DIESER ANGST BERATEN UND LEITEN ZU LASSEN, SOBALD DU MUTIG UND WAHRHAFTIG LEBST.

Beschäftigt sein **MIT NICHTSTUN** und damit heute auch nicht fertig werden

TAG 316

WER MACHT DIR ANGST? Ich sage es dir: du selbst! Indem du schreckliche Bilder im Kopf ausschmückst und negative Gefühle fütterst.

Als menschliches Wesen bist du zunächst einmal pure, reine Energie. Du entscheidest jeden Tag aufs Neue, womit du dich energetisch aufladen möchtest. Das tust du mittels deiner Gedanken und Gefühle und nicht durch eine andere Person oder Situation.

DEIN WIDERSTAND GEGEN EINE SACHE, EINE SITUATION ODER EINE PERSON WIRD AUF DAUER ZU DEINER INNEREN UND ÄUSSEREN AUSSTRAHLUNG.

IN DEINEM KOPFKINO SPIELST DU DRAMEN IN ENDLOSSCHLEIFE AB – DAS FÜHRT ZU EINER ANGST, DIE DU NACH AUSSEN PROJIZIERST.

Freude

MIT DIESER MEDITATION ÖFFNEST DU DICH DER FREUDE.
DU NIMMST ALLE GEFÜHLE IN DIR WAHR, DIE FÜR DICH FREUDE AUSDRÜCKEN.
NIMM ZUNÄCHST WIEDER EINMAL PLATZ. DIE AUGEN SIND GESCHLOSSEN, WÄHREND DU DEINEN KÖRPER MITHILFE DEINES ATEMS ENTSPANNST.

Atme nun ein und sage laut oder innerlich leise: „Ich atme ein und nehme ein Gefühl der Freude in mir wahr." **Dann atmest du aus** und sagst laut oder leise: „Ich atme aus und nehme ein Gefühl der Freude in mir wahr." Es geht nicht darum, etwas Besonderes oder Großartiges zu erwarten, sondern einfach zu fühlen, wie dein Atem kommt und geht. Um dann diese beiden Sätze immer wieder zu sagen: „**Ich atme ein** und nehme ein Gefühl der Freude in mir wahr." „**Ich atme aus** und nehme ein Gefühl der Freude in mir wahr."

EMPFINDE FREUDE FÜR DIESEN AUGENBLICK, FÜR DEINEN ATEM, FÜR DAS GEFÜHL DER FREUDE IN DIR. JETZT. IN DIESEM MOMENT.
MACHE DIESE MEDITATION 5 BIS 10 MINUTEN LANG.

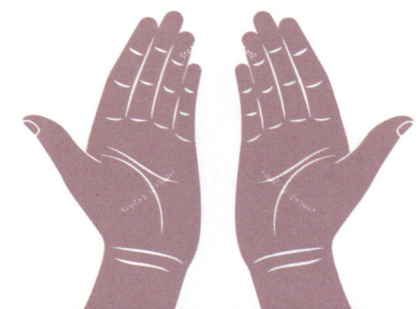

IMMER WEITERMACHEN. DRANBLEIBEN – EGAL, WAS KOMMT.

GLAUBST DU AUCH, DASS DAS DER ULTIMATIVE WEG IST?

Ich wünsche dir, dass du diesen Weg nicht gehst, sondern weise bist und stehen bleibst. Loslässt. Dich umdrehst und eine andere Richtung einschlägst. Eine, die für dich gesünder ist. Folge nicht den Herdentieren, nur weil diese meinen, sie seien schlauer als du.

Gestehe es dir ein, wenn es klüger für dich ist, aufzugeben.

LOSZULASSEN, ETWAS FREIZULASSEN. UM DICH DANN UMZUSCHAUEN NACH ETWAS, BEI DEM ES SICH WIRKLICH LOHNT, DRANZUBLEIBEN.

Aufgeben ist keine Option.

Kennst du diesen Satz? Manchmal kann es allerdings wichtig sein, etwas aufzugeben, um ein Ziel neu zu überdenken.

IN WELCHEM FALL IST AUFGEBEN FÜR DICH VIELLEICHT DOCH EINE OPTION? UND ZWAR EINE SINNVOLLE?

So reich bist du

GEHÖRST DU AUCH ZU DEN MENSCHEN, DIE MEHR DARAUF SCHAUEN, WAS SIE NICHT HABEN, ANSTATT AUF DAS, WAS SCHON DA IST?

Erstelle heute eine Liste, auf die du all das schreibst, was du bereits hast. Welche Eigenschaften dich auszeichnen. Was du der Welt geben kannst. Was dich besonders macht. Was du genießt. Was dir Freude bereitet. Was du an dir schätzt.

NUTZE DIESE LISTE, UM DIR BEWUSST ZU MACHEN, WIE VIEL DU BEREITS BESITZT.

NIMM DIR ZEIT, UM HERAUSZUFINDEN,
was deine Seele sich für dich als Erfahrung, als Entwicklung wünscht. Was bewegt dich? Was ist deine innere Sehnsucht? Habe den Mut, diesem Drang nachzugehen.

Um ein erfülltes Leben zu führen.
Um einen Glauben zu spüren, der dir zeigt, dass du verdienst, was du dir wünschst. Dass du die Fähigkeit besitzt, deinen Lebensweg und seine Geschenke, die dir begegnen, gebührend zu achten.

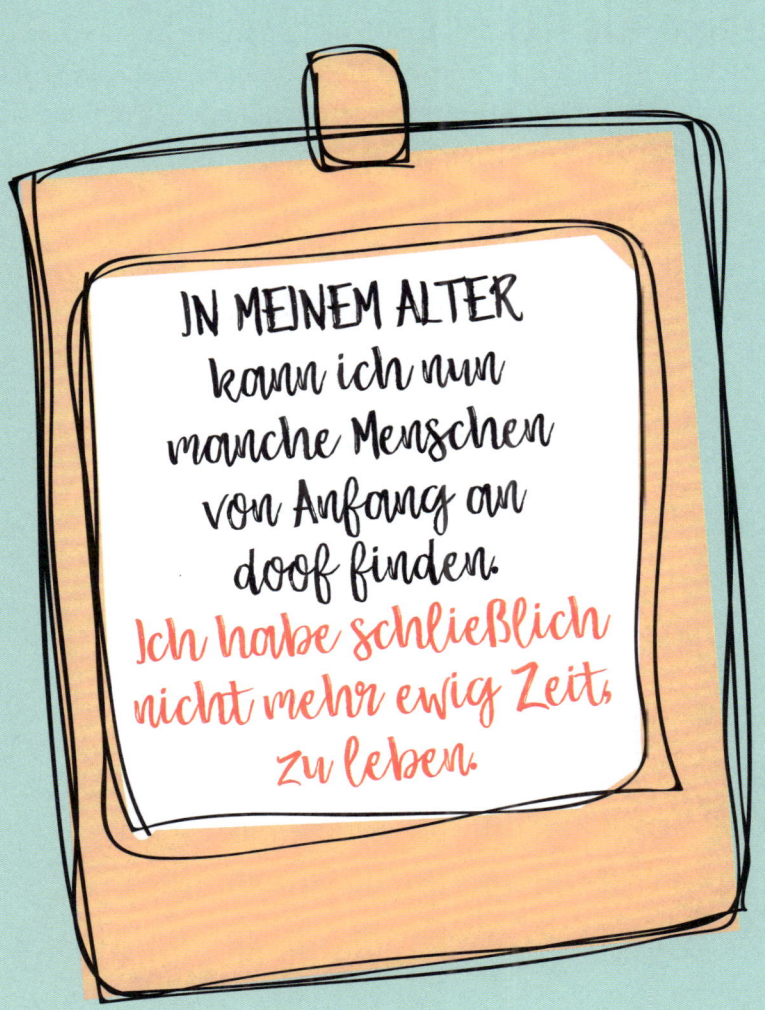

NUTZE DIESEN PLATZ FÜR DICH, um deine Gedanken aufzuschreiben. Um deine Gefühle auszudrücken, die sich heute, in dieser Woche oder in diesem Monat bemerkbar gemacht haben. Oder um sie anhand einer Zeichnung auszudrücken.

TAG 324

BEI DER LIEBE GEHT ES NICHT ums Geben oder Bekommen. Wenn du darauf wartest, Liebe zu bekommen, oder wenn du Liebe nur gibst, um im Gegenzug etwas zu bekommen, befindest du dich in einer unstabilen Lage.

Liebe zu sein, ist die einzige Form, die dir innere und äußere Stabilität geben kann. Liebe zu sein, bedeutet, alles um dich herum als etwas Liebendes zu sehen. Es bedeutet, in jedem und allem die Liebe zu entdecken, die du selbst bist.

Frei vom Verlangen, etwas zu geben oder zu bekommen. Denn nur dann ist Liebe REINES SEIN.

HEUTE   **LIEBE**

 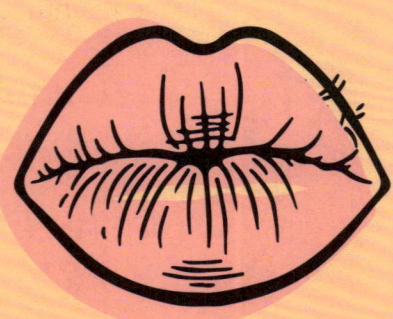

ICH   **MICH**

An welchem Schalter stellst du dich öfter an: an dem zur Beschwerde oder dem für DIE DANKBARKEIT?

DU MUSST NICHT VERSUCHEN, PERFEKT ZU SEIN.
Warum? Weil du von Natur aus schon perfekt bist.
Nichts an deinem Selbst ist fehlerhaft.

Alles, was du auf dein Selbst geschichtet hast – sei es deine Beziehung, dein Beruf, dein Bankkonto oder dein Aussehen –, ist das, was dir so oft das Gefühl gibt, nicht perfekt zu sein.

Je mehr du nach mehr strebst, desto weniger wird der perfekte Anspruch, den du besitzt oder den du dir von anderen hast überstülpen lassen, erfüllt werden können.

ALL DAS MACHT DICH AUF DAUER MÜDE. ERST WENN DU FÜHLST, DASS DEIN SELBST AN SICH PERFEKT IST, WIRST DU VERSTEHEN, DASS DAS STREBEN NACH PERFEKTION KEINEN SINN MACHT.

Innerer Frieden

SETZE DICH AUF EINEN STUHL, STELLE DIE FÜSSE AUF DEN BODEN, ATME EIN PAAR MAL EIN UND AUS. EIN UND AUS.

Dann sagst du innerlich oder laut für dich selbst den Satz: „Ich lasse von dem los, was zwischen mir und meinem inneren Frieden steht."

Wiederhole das in dem von dir gewünschten Tempo. Spüre dabei in dich hinein, ohne die Gefühle, die sich in dir bemerkbar machen, verändern zu wollen. Nimm sie einfach wahr, während du diesen Satz wiederholst:

„ICH LASSE VON DEM LOS, WAS ZWISCHEN MIR UND MEINEM INNEREN FRIEDEN STEHT."

MACHE DIESE MEDITATION 5 BIS 10 MINUTEN LANG.

Drei Worte VOLLER LIEBE

Beschreibe dich in drei positiven Worten.

DU KANNST DIE WELT NICHT KONTROLLIEREN. Du kannst die Menschen in deinem Umfeld nicht kontrollieren. Und dieser Zustand hat Kontrolle über dich. Ein unerträglicher Zustand des Nicht-kontrollieren-Könnens. Er lässt dich ständig kämpfen. Frage dich mal, gegen wen oder was du eigentlich ankämpfst. Was macht dich wütend? Wogegen wehrst du dich?

DIESER KAMPF KOSTET DICH WERTVOLLE LEBENSENERGIE. Du bist müde und kraftlos wegen deiner Nichtakzeptanz, wegen deiner Wut über dich selbst. Darüber, dass du nicht alles und jeden kontrollieren kannst. Komme in die Kraft deines Atems, halte inne und spüre in dich hinein, was du wirklich willst. Welches Leben willst du wirklich leben? Eines, in dem du im Widerstand bist, oder eines, in dem du voller Energie und Akzeptanz für dich selbst lebst?

Worin **BELÜGST DU DICH** immer wieder selbst?

TAG 332

ICH BIN

göttlich

verbunden

ausdrucksstark

geliebt

stark

kreativ

sicher

TAG 333

SCHLIESSE FRIEDEN MIT UNSERER WELT und all ihren Schattenseiten. Eine vollkommene Welt ist nicht möglich und sollte auch gar nicht unser Anspruch sein. Denn sobald wir vollkommen sind, entwickeln wir uns nicht weiter.

WIR SIND HIER, UM ERFAHRUNGEN ZU MACHEN, denen wir nicht entkommen können. Denn ohne sie würden wir nicht unserer eigenen Unvollkommenheit begegnen. Nur diese Momente bringen uns dazu, an uns dranzubleiben.

NUTZE DIESEN PLATZ FÜR DICH, um deine Gedanken aufzuschreiben. Um deine Gefühle auszudrücken, die sich heute, in dieser Woche oder in diesem Monat bemerkbar gemacht haben. Oder um sie anhand einer Zeichnung auszudrücken.

....
....
....
....
....
....
....
....

TAG
335

WELCHES GESPRÄCH HAT DICH in dieser Woche besonders INSPIRIERT?

MEIDE MENSCHEN, DIE MEHR DARAUF AUS SIND, bejubelt und angehimmelt zu werden, statt echt und wahr zu sein. Solche, die ihren Selbstwert daran knüpfen, was die Gesellschaft von ihnen hält und erwartet.

Wenn du so sein willst, wie andere es von dir erwarten, nimmst du dir etwas von dir selbst weg. Deine Authentizität, deine liebevolle Andersartigkeit. In diesem Moment verleugnest du dich.

Und die größte Verletzung, die du dir selbst zufügen kannst, ist ein Leben, das auf einer LÜGE BASIERT.

TAG 337

Was würdest du tun, wenn ALLES möglich wäre?

TAG 338

Das UNIVERSELLE Feld der Liebe

SETZE DICH AUF EINEN STUHL, STELLE DIE FÜSSE AUF DEN BODEN, ATME EIN PAAR MAL EIN UND AUS. EIN UND AUS.

Dann sagst du innerlich oder laut für dich selbst den Satz: „Ich verbinde mich mit dem universellen Feld der Liebe."

Wiederhole das in dem von dir gewünschten Tempo. Visualisiere das universelle Feld der Liebe, fühle, wie es dich umgibt, wie du mit ihm untrennbar verbunden bist.

Nimm dieses Feld für dich wahr, während du den Satz wiederholst: „Ich verbinde mich mit dem universellen Feld der Liebe."

DU KANNST IHN NACH EINIGER ZEIT ABWANDELN IN: „ICH BIN JETZT MIT DEM UNIVERSELLEN FELD DER LIEBE UNTRENNBAR VERBUNDEN."

MACHE DIESE MEDITATION 5 BIS 10 MINUTEN LANG.

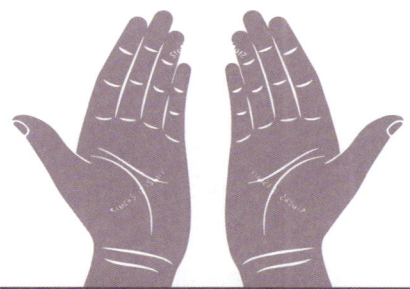

> Die meisten Menschen haben Angst vor dem Tod, weil sie nicht genug aus IHREM LEBEN gemacht haben.
>
> Peter Ustinov

TAG 340

VERGIB DEMJENIGEN, DER DICH VERLETZT HAT. Der dich dazu bringen konnte, dass du dich schlecht gefühlt hast oder es noch tust. Es geht dabei nicht wirklich um die andere Person, sondern um dich. Es geht darum, dass du mit dieser Vergebung vor allem dir selbst Gutes tust. Sie ist für dich. Für deinen Seelenfrieden.

DEINE VERGEBUNG ERÖFFNET DIR EINEN NEUEN WEG, EINE NEUE RICHTUNG. Einen Ort des Friedens und der Heilung, an dem du dich trotz des Geschehenen, trotz der Verletzung, die dir widerfahren ist, wohlfühlen kannst.

SO KANNST DU DEIN LEBEN WIEDER GENIESSEN. Bedenke also, dass eine schlimme Situation für dich ein spirituelles Erwachen sein kann – wenn du bereit bist, zu vergeben.

Die täglichen Wunder und der Sinn des Lebens ...

KOMFORTZONE ››› ANGSTZONE ››› LERNZONE ››› WACHSTUMSZONE

... FINDEN AUSSERHALB DER KOMFORTZONE STATT.

TAG 342

Bevor es ZU SPÄT ist

Schreibe heute einem Menschen in deinem Leben, dem du dringend noch etwas sagen möchtest. Es kann eine Botschaft darüber sein, was du an ihm schön findest oder wofür du ihn liebst.

Schreibe etwas auf, das du diesem Menschen noch nicht gesagt hast, aber vielleicht schon lange fühlst.

WENN DU DAS NICHT TUST, WIRST DU ES AM ENDE DEINES LEBENS VIELLEICHT BEREUEN UND SAGEN: „ACH, HÄTTE ICH DOCH NUR …"

WELCHE WORTE
hast du noch nicht gesagt?
Was ist noch unausgesprochen?

Denke an all die Momente, in denen du etwas Schönes, Liebes, Motivierendes sagen wolltest, es aber nicht getan hast. Weil dir die Arbeit im Wege stand, dein Zeitmangel, deine Verärgerung, dein Stolz. Denke an die Augenblicke, in denen du jemandem sagen wolltest, wie gut du dich in seiner Gegenwart fühlst. Aber du warst zu schüchtern oder zu beschäftigt.

FÜHLE DICH ERMUTIGT, DAS AUSZUSPRECHEN, WAS DU FÜHLST UND DENKST. MACHE ES AUCH, WENN DU DICH VOR DER ANTWORT FÜRCHTEST, DIE DERJENIGE DIR GEBEN KÖNNTE. KOMM SCHON, WAS KANN WIRKLICH PASSIEREN?

TAG 344

NUTZE DIESEN PLATZ FÜR DICH, um deine Gedanken aufzuschreiben. Um deine Gefühle auszudrücken, die sich heute, in dieser Woche oder in diesem Monat bemerkbar gemacht haben. Oder um sie anhand einer Zeichnung auszudrücken.

TAG
345

Die HEILIGE Liste

**ACHTE AUF DEINE WÜNSCHE.
UND ACHTE DARAUF, DASS SIE DIR HEILIG SIND.**

Erstelle eine Liste all der Wünsche, die du noch für dich hast, mögen sie noch so winzig sein. Sie sind dadurch nicht weniger wertvoll. Achte darauf, dass es auch erfüllbare Wünsche sind.

KÜMMERE DICH DANN DARUM, DASS SIE REALITÄT WERDEN. BLEIBE DRAN! DENN DAS STÄRKT DICH IN DEINEM SELBSTBEWUSSTSEIN.

ERINNERE DICH TÄGLICH DARAN, dass du nicht dein Beruf, dein Beziehungsstatus oder dein Besitz bist. Du bist auch nicht die Meinungen oder Bewertungen deiner Mitmenschen. Befreie dein Selbst von all dem. Lebe die Liebe, die du bist. Lasse die Freiheit in dir atmen, lasse sie über alle Grenzen hinausgehen, denn die Grenzen gibt es nur in deinem Kopf.

DU BIST DIE LIEBENDE, TANZENDE, WUNDERBARE SEELE, die einen menschlichen Körper nutzt, um das Leben mit all seinen Facetten spüren zu können. Du bist ein manifestiertes Wunder, das sich dazu entschieden hat, hier zu sein. Genau jetzt. Genau hier. Genieße also deine Reise, denn du hast nur diese.

WIR MÜSSEN UNS BEWUSST MACHEN, DASS UNSERE ERWARTUNG EINE SCHUBLADE IST, IN DIE WIR JEMANDEN SCHON IM VORHINEIN STECKEN.

Wir gehen sehr oft mit diesem Schubladendenken in ein Gespräch oder eine Situation – nur, damit wir hinterher sagen können: „Sie/er hat sich erwartungsgemäß verhalten."

Wie viel Spielraum lassen wir dadurch uns oder der anderen Person? Wäre es nicht viel besser, wenn wir ins nächste Gespräch mit nur einer einzigen Erwartung hineingehen – nämlich der, die wir an uns selbst haben?

WIE VIEL LEICHTER WÜRDEN WIR UNS DADURCH DAS LEBEN MACHEN?

Berg

Setze dich auf einen Stuhl oder in den Schneidersitz, je nachdem, was für dich bequemer ist. Schließe die Augen, atme ein paar Mal bewusst so ein, wie du es für dich brauchst.

Stelle dir vor, du seist im Boden verankert, wie ein Berg mit der Erde verankert ist. Dein Kopf ist wie der Gipfel des Berges nach oben zur Decke gerichtet. Deine Gedanken, die meinen, vorbeizukommen, lässt du einfach wie die Wolken am Himmel vorbeiziehen. Der Berg kümmert sich nicht um Wolken, um Gedanken oder Gefühle. Er ruht einfach nur.

ACHTE WÄHRENDDESSEN AUF DEINEN ATEM. DU ATMEST GANZ RUHIG EIN UND AUS. EIN UND AUS.

MACHE DIESE MEDITATION 5 MINUTEN LANG.

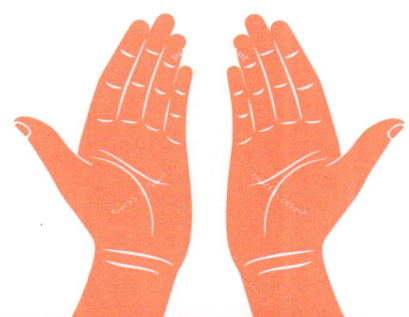

Folgst du immer allen Regeln, verpasst du den SPASS DEINES LEBENS!

TAG 350

WENN DU EINE STUNDE NEBEN EINER BESTIMMTEN PERSON SITZEN KÖNNTEST, WER WÜRDE ES SEIN?

Wen würdest du wählen?
Über welches **Thema** würdest du reden wollen?
Gibt es eine **bestimmte Frage,** die du an sie hast?
Oder würdest du lieber eine **Antwort geben?**

Höre auf mit der Suche nach deiner besseren Hälfte. Du brauchst sie nicht zu suchen, denn du bist kein unvollkommener Teil eines Ganzen.

Du bist ein GANZES. Ein ganzes Selbst.

Hast du es VERLERNT, zu leben?

TAG 353

?

Möchtest du ab sofort zu etwas oder jemandem »JA« SAGEN – mit allen Konsequenzen?

TAG 354

NUTZE DIESEN PLATZ FÜR DICH, um deine Gedanken aufzuschreiben. Um deine Gefühle auszudrücken, die sich heute, in dieser Woche oder in diesem Monat bemerkbar gemacht haben. Oder um sie anhand einer Zeichnung auszudrücken.

TAG 355

Loslassen für die Zukunft

Schaue einmal auf die Beziehungen, die in deinem Leben existieren. Überprüfe, bei welcher du etwas loslassen musst, damit sie weiterhin bestehen kann.

SPRECHE MIT DEM BETREFFENDEN MENSCHEN, FALLS DAS DAZU NOTWENDIG IST. DAMIT ER VERSTEHT, WARUM DU DICH IHM GEGENÜBER ZUKÜNFTIG ANDERS VERHALTEN WIRST.

IN EINER KRISE STECKT IMMER DIE MÖGLICHKEIT, sich noch einmal ganz anders kennenzulernen. Eine Krise schenkt dir die Chance, dich weiterzuentwickeln.

AKZEPTIERE HERAUSFORDERUNGEN, um dann über die nächsten für dich machbaren Schritte zu entscheiden. Nimm die Gefühle, die dir zu dieser Herausforderung durch den Kopf gehen, genau wahr und schaue, wie du sie auch anders – zum Beispiel weniger stark oder streng – bewerten kannst. Allein das bringt schon Erleichterung.

> HEUTE BIN ICH DAS, was niemand sonst sein kann: EINFACH ICH!
>
> Kim Fleckenstein

DU WILLST DIE BESTE VERSION DEINER SELBST SEIN.
Aber was genau bedeutet das?
Ich glaube, dass in jedem von uns schon die beste Version
unserer selbst steckt.

Manchmal machen wir allerdings wissentlich
nicht die bestmöglichen Schritte.
„Es geht nicht anders", rechtfertigen wir uns.

ABER WARUM LEBEN WIR NICHT DIE BESTE VERSION VON UNS SELBST?
WARUM GEBEN WIR WENIGER VON DEM, WAS WIR SEIN KÖNNEN – UND VOR ALLEM – WAS WIR BEREITS SIND?

Moment der Stille

Meditation ist ziemlich einfach, denn es bedeutet, dass du nichts tust. Du sitzt oder liegst und atmest. Du nimmst den Moment wahr.

TUE DAS JETZT EINMAL. Setze oder lege dich hin und nimm einfach diesen Moment wahr. Werde zu dem Stuhl, auf dem du sitzt oder zu dem Boden, auf dem du liegst.

TUE NICHTS, AUSSER ZU SEIN.

NUTZE DIESEN WINZIGEN AUGENBLICK, der sich dir anbietet. Du bist im Innern des Moments. Du lebst den Wesenskern, der dich ausmacht und der reine, pure Stille ist. In deinem Zentrum ist es still, dort sitzt die Kraft und Stärke, die dich täglich aufs Neue versorgt.

GENIESSE FÜR 5 BIS 10 MINUTEN DIESE MEDITATION DER STILLE.

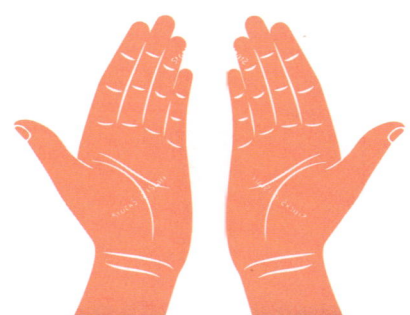

**BIST DU DIR BEWUSST,
DASS DICH DEINE TRÄUME, WÜNSCHE, ZIELE
TÄGLICH ANRUFEN?**

Dass du die Person bist, die, wenn sie nicht 100 Prozent Verantwortung für sich selbst übernimmt, sie immer wieder wegdrückt?

Niemand anderes sonst!

WIR BEDANKEN UNS
viel zu selten
bei anderen Menschen.

WEDER LAUT — NOCH LEISE, NUR FÜR UNS.

Aber je mehr Dankbarkeit wir zeigen,
desto größer ist die Wahrscheinlichkeit, dass sich die Situationen
und Personen, für die wir dankbar sind, häufen.

Ein ganz BESONDERES Rendezvous

Stelle dir vor, dass du mit deiner zukünftigen großen Liebe verabredet bist, mit der du ab jetzt durch dein weiteres Leben gehen wirst.

BIST DU VOLLER VORFREUDE? ZIEHST DU ETWAS BESONDERS SCHÖNES AN? LÄUFST DU BESCHWINGTER ALS SONST DURCH DEN TAG?

WIE SEHEN DEINE GEDANKEN UND GEFÜHLE AUS? WORÜBER REDEST DU?

Und jetzt noch eine wichtige Info: Die Person, die du triffst, bist du! Begegne dir doch mal genauso liebe- und erwartungsvoll wie anderen Menschen in deinem Leben.

NUTZE DIESEN PLATZ FÜR DICH, um deine Gedanken aufzuschreiben. Um deine Gefühle auszudrücken, die sich heute, in dieser Woche oder in diesem Monat bemerkbar gemacht haben. Oder um sie anhand einer Zeichnung auszudrücken.

....
....
....
....
....
....
....
....
....

ES IST NIE ZU SPÄT FÜR EINEN NEUANFANG.

Über die Autorin

NACH EINER LANGJÄHRIGEN KARRIERE ALS FÜHRUNGSKRAFT in der Textilbranche realisierte *Kim Fleckenstein* ihren wirklichen Berufstraum: andere Menschen bei persönlichen Herausforderungen zu unterstützen – und nicht nur bei der Kleiderwahl. Sie absolvierte daraufhin Ausbildungen zur Hypnosetherapeutin und zum NLP-Coach. Sie ist Heilpraktikerin für Psychotherapie und zertifizierte Meditationstrainerin, lebt und arbeitet in München. Sie hält Seminare ab und verkauft seit 2012 Hypnose- und Meditations-Apps.

WEITERE VON IHR ERSCHIENENE BÜCHER:
Ab heute stresst mich gar nichts mehr
Ab heute schlaf ich richtig gut
Ab heute lass ich endlich los
10 Minuten für die Selbstliebe

IN IHREM PODCAST SELBSTLÄUFER dreht sich alles um das „Selbst": wie man es findet, akzeptiert und wertschätzt.

Mehr über die Autorin erfährst du auf ihrer Website *www.kimfleckenstein.com*. Dort hast du auch die Möglichkeit, dich bei ihrer SoulFood-Community anzumelden.

Empfohlene Apps zur Unterstützung

MEDITATION RELAX! – ENTSPANNE DICH
Diese 30-minütige geführte Meditation unterstützt dich dabei, schnell und dauerhaft zu entspannen. Für deine tägliche Tiefenentspannung.

FEEL THE HERE AND NOW! – IM HIER UND JETZT LEBEN
Diese 30-minütige App stärkt deine Achtsamkeit für das Hier und Jetzt. Du spürst in dich hinein und nimmst deine aktuellen Gefühle wieder wirklich wahr.

GET INNER PEACE! – SPÜRE DEINEN INNEREN FRIEDEN
Hol dir diese 25-minütige Hypnose und entwickle eine mentale Balance. Das Programm stärkt dich von innen – sodass du immun gegen störende Einflüsse wirst.

© 2020 ZS Verlag GmbH
Kaiserstraße 14 b
D-80801 München

ISBN 978-3-96584-082-9
1. Auflage 2020

Projektleitung: Kathrin Mayr
Texte: Kim Fleckenstein, Anna Butterbrod
Lektorat: Sylvie Hinderberger
Cover und grafisches Konzept: Johanna Höflich
Grafische Gestaltung und Satz: Agentur 3Kreativ, Essen
Illustrationen: Shutterstock
Herstellung: Frank Jansen
Producing: Jan Russok
Druck und Bindung: optimal media GmbH, Röbel

Die ZS Verlag GmbH ist ein Unternehmen der Edel SE & Co. KGaA, Hamburg. www.zsverlag.de | www.facebook.com/zsverlag